Maria Janitschek

Inneres Leben, vom Verfasser des Buches

Maria Janitschek

Inneres Leben, vom Verfasser des Buches

ISBN/EAN: 9783743473416

Hergestellt in Europa, USA, Kanada, Australien, Japan

Cover: Foto ©ninafisch / pixelio.de

Weitere Bücher finden Sie auf **www.hansebooks.com**

Inneres Leben.

Vom Verfasser des Buches:
„Im Kampf um die Weltanschauung".

> „Wisset ihr nicht, daß ihr Gottes Tempel seid, und der Geist Gottes in euch wohnt?"
> 1 Cor. 3, 16.

Dritte Auflage.

Freiburg i. B., 1891.
Akademische Verlagsbuchhandlung von J. C. B. Mohr
(Paul Siebeck).

Druck von A. Dölter, Emmendingen

Vorwort.

Diese Blätter wollen nicht mehr sein, als ein Versuch. Sie möchten anklopfen, ob vielleicht der in ihnen angeschlagene Ton hie und da einigen Wiederhall finde. Wie sehr auch das religiöse Leben etwas Allgemeines und Gegenständliches ist: die Form, in der es sich äußert, ist stets mehr oder weniger persönlich und darum einer reichen Mannigfaltigkeit fähig. Auf diesem Gebiete, wo ein Unendliches nach Ausdruck ringt und wo man nur in Bildern und Gleichnissen reden kann, ist jedes Ausgesprochene blos eine beziehungsweise Wahrheit. Eine solche zu sein, hat aber alles den Anspruch, was ein naturgemäßer Ausdruck wirklich religiösen Lebens ist. Gleichgestimmte Seelen fühlen dann heraus, was sich unter der Hülle birgt. Nicht Begriffe und Lehrsätze sind der Gegenstand religiöser Mitteilung: Feuer soll sich durch Feuer entzünden und mehren.

Es thut uns aber mehr, als je, not, daß die heilige Flamme im Herzen brenne. Die Gefahr, daß das innere Leben auf Kosten des äußern überreizt, und dadurch die Gesundheit geschädigt werde, liegt unserer Zeit ferner, als die andere, daß in der Ueberspannung äußerlicher Thätigkeiten das Herz erkalte und das Leben entfliehe.

Der Baum bedarf zu seinem Bestehen der Krone, wie der Wurzel; aber der Schaden ist größer, wenn er der Wurzel, als wenn er der Krone beraubt wird.

Zur dritten Auflage.

Das Büchlein hat seit den 22 Jahren seines Bestehens nicht gerade viele, aber doch manche offene Thüren gefunden und ist hie und da ein Freund geworden. Als die Darstellung eines rein persönlichen Lebens erfordert es ja, um die gewünschten Dienste leisten zu können, nicht nur eine verwandte Seelenstimmung, sondern auch eine gewisse Ähnlichkeit in der Richtung der Gedanken, und beide Erfordernisse treffen vielleicht nur vereinzelt zusammen. Immerhin hat es manchenorts einem Bedürfnis entsprochen, und möge darum aufs neue ausgehen. Von manchen Seiten ist eine neue Bearbeitung und Vermehrung des Inhalts gewünscht worden, was ja bei der Beschränktheit und bruchstückartigen Beschaffenheit des Werkchens nahe liegt. Indes empfiehlt es sich nicht, ein Gebilde, das vor zwei Jahrzehnten aus einem Guß entstanden ist, mit neuen Zuthaten zu durchsetzen; es müßte dann schon ein Neues geschaffen werden. So bleibe es denn, wie es ist. Bruchstück ist ja alles, was wir in dieser Art geben können. Ist es nur in sich abgeschlossen und lebendig, so erfüllt es seinen Zweck.

— V —

Die Betrachtungen würden, wenn der Verfasser sie jetzt niederzuschreiben hätte, in der Form wohl hin und wieder etwas anders ausfallen; die Gedanken würden dieselben sein, sein inneres Leben ist trotz mancher neuer Erwägungen und Erfahrungen das gleiche geblieben. Es ist ihm vorgeworfen worden, daß in dem ganzen Buche der Name Christi nicht genannt sei. Dem Vorwurf gesteht er, was die Form betrifft, jetzt gern seine Berechtigung zu, darf aber wohl hinsichtlich des Inhalts getrost die Frage stellen: Ist Christus selbst in dem Buche? Er ist sich nicht nur vollauf bewußt, daß er mit seinem ganzen inneren Leben in der geschichtlichen Entwicklung wurzelt, welche von der Person Jesu ausgegangen ist; er fühlt sich bei aller Gewissensfreiheit, die er auch dieser Person gegenüber für sich in Anspruch nimmt, ja gerade in dieser Freiheit so innig mit ihr verwachsen, daß er mit voller Wahrheit an den Schluß eines jeden der Gebete, in wel=
chen die Betrachtungen ausklingen, die altgebräuchlichen Worte setzen könnte: „durch unsern Herrn Jesum Christum, amen", d. h. was ich da von Gott denke und sage, und was ich zu ihm hoffe und rede, gründet in dem Geiste Jesu und in der Erkenntnis, welche ich als Glied seines Leibes und als Bürger seines Reichs von unserm Vater im Himmel habe.

Warum steht es aber nicht da? Warum ist der Name Christi nirgends zu finden? Der Verfasser hatte Gründe, die ihm jetzt nicht mehr stichhaltig, aber ebensowenig tadelnswert erscheinen. Es kränkte ihn die Wahrnehmung, daß mit dem Namen Jesu so viel Mißbrauch getrieben wird, und er oft dazu dienen muß, den Mangel seines Geistes zu verdecken. Es betrübte ihn die wieder sehr überhand nehmende Verirrung, die Jesus aus dem Mittler zu Gott, aus dem Wege zum Ziele macht und es für ein Zeichen höherer Frömmigkeit ansieht, wenn sein Name den Namen des Vaters verschlingt, den er uns geoffenbart hat. Darum wollte er bezeugen, daß der Christus, der unter uns lebt, nicht Schall und Buchstabe, sondern der Geist ist und sein Werk vollbracht hat, wenn wir in seinem Geiste Gottes Kinder sind. Und da er nicht Betrachtungen über Christus zu schreiben, sondern sein eigenes inneres Leben darzustellen beabsichtigte, hat er dasselbe wollen zur Erscheinung kommen lassen wie die Blätter und Blüten eines Zweigs, die sich als etwas Eigenartiges und Selbständiges entfalten, während ungesehen der Saft, aus dem sie hervorgehen, dem Stamme entströmt. Darum ist er überzeugt, daß das Büchlein an seinem bescheidenen Teile dem Reiche Christi gedient hat, und wünscht, daß es auch fernerhin diesen Dienst thue an denen, welche darin Erbauung und Stärkung für ein verwandtes inneres Leben suchen.

Inhalt.

	Seite
Vorwort	III
Zur dritten Auflage	IV
Den Armen wird das Evangelium geprebigt	1
Ich bin der allmächtige Gott: wandle vor mir und sei fromm	7
Wenn ich nur dich habe, frage ich nichts nach Himmel und Erde	9
In ihm leben, weben und sind wir	11
Gott ist Geist	13
Ich habe dich je und je geliebt	16
Gott ist die Liebe	17
Danket dem Herrn, denn er ist freundlich	19
Lobe den Herrn, meine Seele	21
Sorget nicht	23
Meine Hilfe kommt von dem Herrn	25
Dein Wille geschehe	28
Laß dir an meiner Gnade genügen	31
Wir sehen nicht auf das Sichtbare, sondern auf das Unsichtbare	33
Wen der Herr lieb hat, den züchtigt er	35
Selig ist der Mann, der die Anfechtung erduldet	37
Meine Seele schreiet, Gott, zu dir	39
Herr, zeige mir deine Wege	41
Gott ist Licht	43
Das Reich Gottes besteht nicht in Worten, sondern in Kraft	45
Was der Mensch säet, das wird er ernten	47
Wandelt wie die Kinder des Lichts	49

VIII

	Seite
Ihr sollt vollkommen sein, wie euer Vater im Himmel vollkommen ist	51
Von Gottes Gnade bin ich, was ich bin	53
Es ist etwas Großes um einen treuen Haushalter	56
Wir sind eines Leibes Glieder	58
Mit stillem Wesen arbeiten	61
Niemand lebt davon, daß er viele Güter hat	63
Die Liebe ist von Gott	66
Die Liebe ist des Gesetzes Erfüllung	68
Seht darauf, daß nicht eine bittere Wurzel aufwachse	71
Richtet nicht	74
Die Sünde ist der Leute Verderben	78
Herr, du erforschest mich und kennest mich	81
Gott sei mir Sünder gnädig	83
Der Herr ist nahe bei denen, die zerbrochenen Herzens sind	86
Aus Gnaden selig durch den Glauben	88
Das Reich Gottes ist mitten unter uns	91
Wir wandeln im Glauben und nicht im Schauen	94
Unser Vater	98
Morgengebete	103
Abendgebete	109

Den Armen wird das Evangelium gepredigt.

Du begehrst glücklich zu sein. Erwarte es nicht von zufälligen Schicksalen, laß deine Blicke nicht schweifen nach Dingen, die außer dir sind. Schaff in dir deine Seligkeit. In deinem Innern will Gott dir begegnen. Bereite ihm die Stätte, daß er in dir walte mit seinem klaren, milden Lichte, so wird dein Leben schön und dein Thun gesegnet sein.

„Selig sind, die da geistlich arm sind; denn das Himmelreich ist ihr."

Laß ab von dem traurigen Geschäfte, dich selbst zu betrügen und deine Dürftigkeit durch Täuschung dir zu verhüllen. Erkenne dich selbst! Dein Wissen ist Stückwerk, dein Wollen ist Schwachheit, dein Lieben ist nur eine erste, leise Regung erwachenden Bewußtseins. Unendlich liegt es noch vor dir; aus unermeßner Ferne leuchtet das Ziel herüber; du stehst erst an der Schwelle des Lebens. Darum sprich nicht: Ich bin reich und habe genug. Umschließ dein Herz nicht mit der Kerkermauer der Selbstzufriedenheit; verträume dein Dasein nicht bei dem Scheine selbstgeschaffenen Lichtes. Wahrheit geht aus von dem Throne des Höchsten, und durchleuchtet die Schöpfung: du laß deine Seele offen sein jedem ihrer Strahlen. Die Stimme des Vaters erklingt durch die Welt: du merke auf und lausche. Siehe, dein Gott steht vor dir, und seine Fülle ist um dich her: strecke deine Hand begierig aus nach jedem wahren Gut. Er hat sein Reich unter uns aufgerichtet, er läßt seinen Geist wehen durch die Menschheit. Die ihr Bedürfnis fühlen, haben teil daran; in die offenen Herzen strömt das Leben ein.

„Selig sind, die da Leid tragen; denn sie sollen getröstet werden."

Laß dich nicht täuschen durch das Gaukelwerk eitler Freuden, die das Herz leer lassen und seine Wunden nur größer machen. Verbirg es dir nicht durch trügerischen Schein, wenn deine Seele sich elend und unglücklich fühlt. Empfinde es recht; hebe deine Blicke aus der Tiefe auf zu dem, der dir allein Ruhe geben kann; bekenne vor ihm deine Sünden, und gieb dich nicht eher zufrieden, als bis du dich von ihm getröstet weißt. Er giebt Frieden den Bekümmerten und Freude den Betrübten, eine Freude, die nicht täuscht, sondern des Herzens Sehnsucht stillt. Denn das Herz verlangt nach Einheit mit dem Höchsten, und ist nur dann beruhigt, wenn die schreckende Wolke sich zerstreut, die ihm das Angesicht Gottes verbirgt, und es klar geworden ist zwischen ihm und seinem Herrn.

„Selig sind die Sanftmütigen; denn sie werden das Erdreich besitzen."

Nähre nicht in deinem Herzen den stolzen, selbstsüchtigen Sinn, welcher so viel Glück unter den Menschen zerstört und so vieler Sünden Quelle ist. Halte dich fern, wenn sie hassen und neiden, wenn sie einander den Platz streitig machen, verleumden, täuschen und sich streiten um Ehre und Reichtum. Gehe still deinen geraden Weg vor deinem Herrn. Suche nicht das Deine, sondern lebe für das Reich Gottes und das Wohl deiner Mitmenschen. Trachte nicht danach, zu herrschen, sondern diene, und achte es für deine Freude, Gutes zu thun. Dann hast du das beste Teil erwählt, und wirst den Segen Gottes erfahren in allen deinen Thaten. Ja, du wirst mehr ausrichten, als jene mit Haß und Neid. Du wirst ungesucht finden, was sie umsonst erstreben, Achtung der Menschen, Einfluß und Lebensglück. Denn den Sanftmütigen wird das Erdreich gehören.

> „Selig sind, die da hungert und dürstet nach der Gerechtigkeit; denn sie sollen satt werden."

Mische dich nicht in den wirren Haufen derer, welche rennen und jagen nach Gütern, die nicht glücklich machen, nach Genüssen, die keine Freude gewähren. Sie hungern und werden nicht satt; sie laufen und erlangen es nicht. Sie beflecken ihr Gewissen und haben nichts dafür; sie opfern den Frieden ihrer Seele und gehen leer aus. Laß deine Begierden auf Besseres gerichtet sein, trachte nach dem, was des Herzens Verlangen befriedigt und ewig währt. Suche Gerechtigkeit; strebe darnach, deinen Willen in Übereinstimmung zu bringen mit dem ewigen, heiligen Gotteswillen; sei begierig, dich zu schmücken mit allem, was gut und schön und göttlich ist. Dafür glühe dein Herz, das sei deine Lust. Du wirst nicht umsonst verlangen; du hast für deine Sehnsucht Gottes Verheißung, daß sie gestillt werden soll. Von einem reinen Genuß zum anbern wirst du fortschreiten, und Gott preisen, daß dein Los lieblich gefallen ist.

„Selig sind die Barmherzigen; denn sie werden Barmherzigkeit erlangen."

Schließ dein Herz nicht zu gegen die, welche mit dir Kinder des einen Vaters im Himmel sind; laß es nicht verkommen in auszehrender Selbstsucht. Thue es weit auf, umfasse liebend die Menschheit, nicht mit weichlichen, fruchtlosen Gefühlen, sondern mit thatkräftiger, aufopfernder Selbsthingabe. Siehe, vielfache Not wartet deiner Liebe. Es wird manche Thräne geweint, die du trocknen könntest; mancher sehnsüchtige Wunsch verhallt in die Lüfte, den du zu erfüllen die Macht hättest. Geben ist seliger, als nehmen. Es giebt keine reinere Freude, als Liebe erweisen. Menschen glücklich machen, dem Elend steuern und den Ton der Klage in die Stimme des Dankes verwandeln. Laß keine Gelegenheit vorübergehn, Barmherzigkeit zu üben; denn es ist eine Gelegenheit, Gottes gewahr zu werden. Und denke daran, wie sehr auch du der Barmherzigkeit bedarfst. Wenn Gott seine Hand von dir abzöge; was wolltest du thun? Wo wolltest du hin, wenn er dich wägen würde nach der Würdigkeit, und mit dir handeln nach deinem Verdienste?

„Selig sind, die reines Herzens sind; denn sie werden Gott schauen."

Gedenke, wozu dich dein Gott berufen hat. Ein Spiegel soll deine Seele sein, aus dem sein Bild hervorblickt, ein Heiligtum, in welchem seine Herrlichkeit wohnt, und Licht leuchtet von seinem Lichte, Gedanken der Ewigkeit, Liebe von seiner Liebe. Laß nicht zu, daß der Spiegel getrübt werde durch den Hauch der Sünde; laß das Heiligtum nicht entweiht werden durch Befleckung des Bösen. Pflege in dir den lautern, heiligen Sinn, der keine Flecken duldet; nähre deine Seele mit edlen Empfindungen und göttlichen Gedanken; gieb dich in reiner Liebe dem Höchsten hin, und laß dein Gemüt offen sein für alles, was von oben kommt: so wird ein wunderbares, himmlisches Leben in deinem Innern sich entfalten. Dein Gott wird sich dir offenbaren, daß du ihn schauen und seiner unaussprechlich gewiß werden wirst. Das Dunkel wird zerrinnen, der Zweifel schwinden, und jeder Bann gebrochen werden. Du wirst ihn erkennen und mit seligem Entzücken zu ihm aufschauen. Und in seinem Lichte wirst du dich selbst verstehn, wirst du dein Leben erleuchtet und die Welt verklärt sehn, und viele Rätsel werden sich dir lösen. Ein Leben aus Gott wird das sein, ein seliges Leben.

„Selig sind die Friedfertigen: denn sie werden Gottes Kinder heißen."

Hilf nicht mit, wo die Menschen durch Zank und Streit die Welt zu einer Hölle machen. Suche den Frieden, so wird Freude und Sonnenschein um dich her sein. Bestehe nicht eigensinnig auf deinem Recht. Scheue dich nicht zu sehr, einmal Unrecht zu leiden; es ist viel besser, als Unrecht thun. Keine Thräne eines Menschen soll wider dich klagen. Wo der Haß Wunden geschlagen, lege du Balsam auf. Wo die Leidenschaft Herzen auseinander gerissen hat, verbinde sie wieder. Es ist ein seliges Geschäft und macht dich deines Vaters im Himmel wert. Denn er ist ein Gott des Friedens und nennt die Kinder des Friedens seine Kinder. Sie sind es, die seinen Geist bewahren in der Menschheit, und seinem Lichte den Weg bereiten in die Herzen: eine heilige, gesegnete Familie des Höchsten, deren Glieder, über die Welt verbreitet, einander unbekannt, aber durch gleiche Liebe und gleiches Streben verbunden, im Namen ihres Vaters ein heiliges Werk vollbringen. Trachte darnach, zu ihnen zu gehören, auf daß du nicht, heimatlos auf Erden, in den wüsten Hader der Welt hineingerissen werdest.

„Selig sind, die um der Gerechtigkeit willen verfolgt werden; denn das Himmelreich ist ihr."

Auch bei der friedfertigsten Gesinnung wirst du nicht unangefochten bleiben, wenn du der Gerechtigkeit und Wahrheit dienen willst. Laß dich's nicht irre machen. Es muß durchgekämpft sein. Der Wahrheit widerstrebt auf Erden die Lüge, und hat furchtbare Mächte in ihrem Dienst. Dem Licht widerstrebt die Finsternis, die ihre Herrschaft nicht so leicht aufgiebt. Darum sei gerüstet zum Streit, du Kind des Friedens. Weich nicht vom Platz, gieb keinen Fuß breit nach. Bereit, alles zu leiden, wenn es deine Person betrifft, sei unnachgiebig, wo es gilt, für Wahrheit einzustehn, unduldsam gegen jede Ungerechtigkeit, schonungslos gegen jede Gemeinheit. Laß dich nicht ermatten durch den unerschöpflichen Widerspruch. Werde nicht mißmutig, wenn niedrige Gesinnung unbeweglich deines Eifers spottet. Du stehst in den Reihen einer großen, durch unsichtbare Bande zusammengehaltenen Macht.

die unter den Augen des heiligen Gottes dem Himmel die Stätte auf Erden erkämpft, und durch die Jahrhunderte hindurch von Sieg zu Sieg schreitet. Danke dem Herrn, daß er dich gewürdigt hat, an diesem Kampfe teilzunehmen, und freue dich jedes Opfers, das du dafür bringen darfst.

Ich bin der allmächtige Gott: wandle vor mir und sei fromm.

„So spricht der Herr: Ich bin der Erste und ich bin der Letzte, und außer mir ist kein Gott. Meine Hand hat den Erdboden gegründet, und meine Rechte hat den Himmel ausgebreitet; was ich rufe, das steht alles da. Ich mache das Licht und schaffe die Finsternis; ich gebe den Frieden und schaffe das Uebel. Ich bin der Herr, der solches alles thut.

Meine Gedanken sind nicht eure Gedanken, und eure Wege sind nicht meine Wege: sondern so viel der Himmel höher ist, denn die Erde, sind auch meine Wege höher, denn eure Wege, und meine Gedanken, denn eure Gedanken."

Sei stille, mein Herz, sammle dich und bete an vor dem Herrn. Du stehst vor dem, dem Himmel und Erde sich beugen. Nach seinem Gebot wandeln in ihren Bahnen die Sterne; ihn preist die Flur in ihrer Pracht, und was in ihr lebt und webt, folgt seinen ewigen Gesetzen. Denn er ist der Herr, der Allmächtige, von dem und durch den alle Dinge sind.

Vor ihm demütige sich alles, was vernünftig ist. Keiner rühme sich seiner Kraft, keiner trotze auf seinen Verstand. Er ist unser Gott und hat uns geschaffen, und was wir unser eigen nennen, ist seine Gabe. Vor ihm sind wir nichts, ohne ihn vermögen wir nichts. All unser Wissen ist Dämmerungsanfang, und unsere Weisheit ist vor ihm wie das Reden des Kindes. Er weiß allein, was werden soll, und hat unsere Geschicke in seiner allmächtigen Hand. Er lenkt die Schicksale der Völker, er leitet den Armen und Einsamen auf seinem Wege nach seinem Wohlgefallen.

Und ich sollte ihm widerstehn und meine eignen Wege wandeln? Ich sollte sein Gesetz verachten, da das Weltall ihm dient? Ich sollte mit ihm hadern, und mich dünken lassen, daß ich es besser verstehe, als er?

Nein, ich weiß keinen andern Weg, als den er mich leitet. Es giebt nichts Gutes außer dem, was er will. Ich will einstimmen von ganzem Herzen in sein Gebot, und wie ich sein eigen bin von Natur, so es auch sein nach meinem Willen in freier, seliger Hingabe, im Leben und Sterben.

Allmächtiger, ewiger Gott, Herr des Himmels und der Erde, du schaust auf mich, du fragst nach meinem Thun und nach meinem Herzen. Du achtest mich nicht unwert, daß ich dir diene mit meinem Leben, und mit meinem Geiste dich liebe. O, laß zurücke treten alles, was mich irre machen möchte, Freude und Leid, alle Gewalt der zeitlichen Dinge, die den Sinn verwirren. Laß mein Herz allein auf dich gerichtet sein. Du bist mein Gott, was suche ich mehr? Nimm mich hin zu deinem Eigentum; deine Wahrheit sei das Licht meiner Seele, dein Wille mein Leben, und eins zu sein mit dir, sei meine Seligkeit.

Wenn ich nur dich habe, frage ich nichts nach Himmel und Erde.

„Herr Gott, du bist unsere Zuflucht für und für. Ehe die Berge geworden, und die Erde und die Welt geschaffen worden, bist du, Gott, von Ewigkeit zu Ewigkeit. Du lässest die Menschen sterben und sprichst: Kommet wieder, Menschenkinder. Denn tausend Jahre sind vor dir wie der Tag, der gestern vergangen ist, und wie eine Nachtwache.

Die Himmel werden vergehn, aber du bleibest. Sie werden alle veralten, wie ein Gewand; sie werden verwandelt, wie ein Kleid, wenn du sie verwandeln wirst. Du aber bleibest, wie du bist, und deine Jahre nehmen kein Ende."

Tausend Jahre vor mir — tausend Jahre nach mir — was sind tausend Jahre in der Unendlichkeit? Und doch, wenn ich denke: Was war ich damals? und wenn ich frage: Was werde ich dann sein? — so ist es genug, meine Gedanken zu verwirren, daß Schwindel mich erfaßt, und es dunkel wird um meinen Geist.

Unendlichkeit — wo soll ich hin mit meinem Kahn in dem unbegrenzten Meere, in welchem die Wellen ohne Zahl auf und niedersteigen, daß ich's nicht ausdenken kann?

Soll ich ziellos dahintreiben, verloren und verstreuet, soll ich versinken? Oder darf ich leben und die Stimme der Freude noch erheben?

Ja, ich darf leben, ich darf mich freuen. Ich glaube, und richte im Glauben den Blick aufwärts, und siehe, aus der Unendlichkeit schaut dein Antlitz mir entgegen, mein Gott, mein Vater. Du bist mehr als alle flüchtigen Erscheinungen der Welt, du stehst fest in der allgemeinen Bewegung, du Ewiger, Unveränderlicher. Und ich bin mit dir verbunden in der Liebe, du bist meiner Seele im Licht aufgegangen, ich habe dich geahnt und empfunden. Nun ficht mich's nicht mehr an, ob auch alles um mich her in wogender Bewegung ist, ob alles sich verändert, und ob ich selbst auch in kurzem verändert werde. Ich bin mit dir verbunden, und darum werde ich bleiben; nichts kann von dir mich trennen. Ich lebe und freue mich in dir, ich bin getrost in meinem Gott.

Mein Vater, du ewiger Gott, was ich von dir bitte, ist dies: Erhalte mich bei dir, stärke meinen Glauben, laß meine Liebe brennen. Laß nicht zu, daß mich etwas irre mache an dir; denn du bist mein einziges Heil, ein Leben ohne dich ist kein Leben mehr. Halte mich fest an deiner Hand, und führe mich durch den Strom der Zeit und den Wechsel der Dinge hindurch, bis ich einmal im Licht erkennen werde, was mir auf Erden noch dunkel ist.

In ihm leben, weben und sind wir.

"Alle gute Gabe und alle vollkommene Gabe kommt von oben herab, von dem Vater des Lichts, bei welchem keine Veränderung ist, noch Wechsel des Lichts und der Finsternis.

Er ist der rechte Vater über alles, was Kinder heißt im Himmel und auf Erden.

Er hat sich uns nicht unbezeugt gelassen, hat uns viel Gutes gethan, Regen und fruchtbare Zeiten vom Himmel gegeben, und unsere Herzen erfüllt mit Speise und Freude. Er hat gemacht, daß der Menschen Geschlechter auf dem Erdboden wohnen, und hat zuvor versehn, wie lange und wie weit sie wohnen sollten, daß sie den Herrn suchen sollten, ob sie ihn fühlen und finden möchten. Und zwar ist er nicht ferne von einem jeglichen unter uns, denn in ihm leben, weben und sind wir."

Ich lebe, und schaue die schöne Welt, und empfange aus der Fülle ihrer Güter Tag für Tag, was ich bedarf zu Dasein und Freude, was das Leben erhöht und verschönert. Sollte ich das hinnehmen ohne Nachdenken? Soll ich meine Tage zubringen, wie das Tier, und mich nichts kümmern um die Bedeutung, um den Ursprung und das Ziel meines Daseins?

Der Mensch lebt auf Erden, Gott zu suchen. Mit seinen Füßen stehend in der irdischen Welt, soll er sein Haupt aufwärts richten, und den Hauch des Geistes von oben herab in sich aufnehmen, auf daß in seinem Innern ein himmlisches Leben entsprosse, und das Geschöpf sich verbunden wisse mit seinem Schöpfer.

Gott ist unser und der ganzen Welt Anfang, Wesen und Ziel, in ihm leben, weben und sind wir. Aber das erst ist wahres Leben, daß wir's erkennen, und mit frohem, seligem Bewußtsein in ihm uns finden, eins mit ihm durch die Liebe, das Herz durchweht von seinem Geiste, auf Schritt und Tritt geleitet von seiner Wahrheit.

Darf ich das von mir sagen? Habe ich Gott gefunden? —

Prüfe dich, mein Herz, in der Wahrheit. Kennst du den, von dem alle gute und vollkommene Gabe kommt? Verstehst du ihn, der dir Leben und Odem gibt, und jeden Augenblick deines Daseins sich dir bezeugt? Weißt du, in wem und durch wen du lebst, und kannst du seiner dich freuen? Prüfe dich, siehe, ob du das Leben hast.

Mein Gott und Vater, du Herr meines Lebens, du Quelle aller guten und vollkommenen Gabe, laß es doch licht sein in meiner Seele. Bewahre mich vor Gedankenlosigkeit und Stumpfsinn, daß ich nicht mit verschlossenem Geiste und geblendeten Augen in deiner herrlichen Welt umherirre, ohne etwas davon zu begreifen, ohne zu wissen, wem ich angehöre. Du verkündigst dich ja täglich meinem Herzen, allenthalben, wohin ich blicke. Ich stehe inmitten deiner Zeugnisse, von deiner Herrlichkeit umgeben. Ach, öffne mir doch das Verständnis, daß ich erfahre des Lebens tiefern Sinn. Ziehe mich an dein Herz, laß deine Liebe mich durchströmen. Laß mich anbeten in deinem Lichte; alles, was in mir ist, soll aufjauchzen und rufen: der Herr ist mein Gut, mein Leben in Ewigkeit!

Gott ist Geist.

„Gott ist Geist; und die ihn anbeten, die müssen ihn im Geist und in der Wahrheit anbeten."

Ich sehne mich nach Leben; es genügt mir nicht am bloßen Dasein. Ich mag nicht, von den Eindrücken des alltäglichen Treibens zerstreut, gedankenlos meine Zeit verträumen, den Sinn nur auf das Spiel der Wogen gerichtet, die sich mir zu Füßen kräuseln, und verstrickt in die Formen, die der Augenblick hervorbringt und vernichtet. Es drängt mich, zum Bewußtsein zu kommen. Ich sinne nach, daß ich mich selbst erfasse, und meiner gewiß werde.

Bin auch ich nur ein Gebilde des Augenblicks, aufsteigend, leuchtend in den Farben eines gebrochenen Sonnenstrahls, und wieder dahinsinkend? — Nein, und abermals nein. Der Gedanke ist der Tod, und berührt wie ein giftiger Hauch meine Seele, daß alle ihre Blüten welken. Sollte ich meiner spotten und mich selbst verneinen? Ich bin, und will mir der Wirklichkeit meines Seins bewußt werden, ich will leben. Und alles, was mein Sein ausmacht, all' mein Denken und Streben und Lieben, ich will es als Wahrheit erfassen und seiner gewiß sein.

Wie soll ich's aber?

Das Glied, vom Leibe gelöst, ist ohne Leben. Die Pflanze, aus dem Boden gerissen, welkt dahin in Sonnenglut und ist ein Spiel der Winde. Ich kann nicht leben, ich welke und verwehe im Sturm der Zeiten, wenn ich mein Dasein löse von seinem Grunde, und mein Denken, Streben und Lieben aus seiner Lebensverbindung reiße.

Ich bin nicht durch mich, ich bin ein Blatt am Baume des Lebens, genährt aus seinen Säften, und alles, was ich bin, entquillt dem Einen, Unendlichen, alles Seienden. Mein ganzes Dasein ist eingefügt in dem Ewigen: sollte die Blüte desselben, mein Geist, das Bewußtsein meiner selbst, verbindungslos in der Luft schweben? Sollte mein eigenstes, innerstes Wesen nichts sein, als ein Spiel der Natur, ein wunderliches Dunstgebilde, dem die Phantasie des Beschauers den Namen leiht, ohne Grund, ohne Zusammenhang, ohne Urbild?

Was soll ich für wirklich halten, wenn ich mir selbst als eine Täuschung erscheine? Mein Geist ist keine Täuschung, er hat seinen Grund in der Wirklichkeit, im Ewigen und Einigen. Sein Ursprung ist da, wo aller Dinge Ursprung ist; es ist Geist vom Geiste, Bewußtsein vom Bewußtsein, Leben vom Leben. Und ich ergreife dies Verhältnis mit meinem Willen, ich erkenne und will diese Lebensverbindung, ich glaube an den allseienden Geist. Ich senke die Wurzeln meines selbstbewußten, vernünftigen Daseins ein in den festen, nährenden Boden, ich hänge mich klammernd an meinen Ursprung, und verstehe mich als ein Kind des ewigen Gottes.

Und siehe, ich lebe und bin meiner gewiß, und alles, was mein Dasein ausmacht, ist Wirklichkeit. Mein Denken thut sich mir kund als Ausdruck ewigen Gedankens, und ich habe die Gewißheit, daß es eine Wahrheit gibt. Mein Lieben gründe ich in ewigem Grunde, und ich glaube an die Liebe. Und all' mein Begehren und Streben, alle Ahnung der Vollkommenheit knüpfe ich an das ewig einzig

Wesenhafte an, so wird, was ich als schön und rein, als heilig und gut verehre und ersehne, für mich Wesen, Wahrheit, Lebensinhalt. Mein Dasein wird Leben, ein freies, bewußtes Sein meines Geistes im ewigen Geiste, in den ich liebend mich einsenke, um Kräfte des Lebens aus ihm zu nehmen, und, was in mir liegt, freudig zu entfalten.

Gott, ich habe dich gefunden in meinem Geiste, und in dir das Leben. Dafür preise ich dich und bete dich an. Wohl bin ich nur ein endlicher Geist, und vermag dich, den Unendlichen, nicht zu fassen. Ich stelle dich vor unter dem Bilde dessen, was ich selbst bin, und weiß doch, daß du unermeßlich darüber erhaben bist. Aber ich folge dem Bedürfnis meiner Seele, und schließe mich an dich an, da, wo ich mich dir nahe fühle. Ich bin mit dir verbunden durch ein Lebensband, das du selbst geschaffen hast, und empfange mich selbst aus deiner Fülle. Bringe es mir doch zum Verständnis, daß mein Dasein in dir ist, und ich nur leben kann in Vereinigung mit dir. Laß in dir mich zum Bewußtsein meiner selbst kommen, und mache mein ganzes Leben zum schönen Ausdruck der heiligsten Liebe. Kein Gedanke meiner Seele sei losgelöst von dir, keine Empfindung dir entfremdet, kein Wunsch irre zerstreut umher. Immer klarer werde mir mein Verhältnis zu dir, immer offener der Blick meines Geistes, immer freier und mächtiger der Zug meines Herzens zur Quelle meines Lebens. So werde ich wachsen an dir, und auswirken in mir dein Bild, das Bild des Geistes, welcher Wahrheit, Liebe und Vollkommenheit ist.

Ich habe dich je und je geliebt.

„Der Herr spricht zu mir: Ich habe dich je und je geliebt, darum habe ich dich zu mir gezogen aus lauter Güte.

Fürchte dich nicht, ich bin mit dir: zage nicht, ich bin dein Gott. Ich stärke dich, ich helfe dir, ich halte dich mit meiner starken Hand. Es sollen wohl Berge weichen und Hügel hinfallen, aber meine Gnade soll nicht von dir weichen, und der Bund meines Friedens soll nicht hinfallen, spricht der Herr, dein Erbarmer."

Ich suche nach einem Grunde, der mir fest und unbeweglich steht, auf den ich mein Glück bauen und mein Leben gründen kann, ohne Furcht und Zittern, mit freudiger Zuversicht. Mein Herz sehnt sich nach einer Liebe, die ewig und unveränderlich ist, von der kein Wechsel der Zeit und kein Tod mich scheiden kann, in der alle andere Liebe einen festen Halt findet.

Was steht mir fester, als die Berge? was ist zuverlässiger als Himmel und Erde? was ist gewisser, als jede Empfindung eines Menschenherzens? Es ist der, durch den ich lebe, in dessen Armen ich mich fand, als mein Geist erwachte, von dem ich umgeben bin, wo ich gehe und stehe. Es ist der ewige Gott, der Quell alles Lebens, der Ursprung aller Liebe, der mich hält mit seiner Hand, der mich durchglüht mit seinem Geiste.

An ihm will ich mich halten, und durch keinen Zweifel, durch kein Schicksal, durch keine Verführung der Menschen mich von ihm trennen lassen. An ihn will ich mein Leben anknüpfen, als an den einzig festen Punkt, den es giebt in dem Gewirr des Daseins; an seiner Liebe soll mein Herz erwärmt, erfreut, befestigt werden; in seinem Lichte soll der göttliche Keim in mir wachsen, und Blüten und Früchte tragen.

Mein Gott, du Licht meines Lebens, du Sonne meines Herzens, du hast mich geliebt, ehe ich dich kannte. Aber als mir die Erkenntnis der Wahrheit aufging, und ich deiner Herrlichkeit gewahr ward und deine Liebe empfand, da ahnte ich erst des Lebens Bedeutung, und das ganze selige Geheimnis der Liebe fing an, sich mir zu entschleiern. Du liebst mich, du legst mir deinen Namen in den Mund, daß ich dich mit dem süßen Worte „Vater" nennen darf. Was soll ich noch von dir bitten? Ach, nur dies eine: Laß mich immer mehr hineinschauen in dein väterliches Herz, laß mich deine Liebe immer besser verstehn. An mir allein liegt es, wenn ich nicht ganz glücklich bin: mein Geist ist noch zu blöde, mein Glaube zu schwach. Stärke ihn; laß mich erfassen die Seligkeit, zu der du mich bestimmt hast; laß mich lieben, und inne werden, daß du die Liebe bist.

Gott ist die Liebe.

„Gott ist die Liebe, und wer in der Liebe bleibt, der bleibt in Gott, und Gott in ihm."

Wenn ich Gottes unendliche, unaussprechliche Größe und Erhabenheit erwäge, und dann an meine Nichtigkeit gedenke, so möchte mein Herz vor Furcht erzittern, und von zagenden Gefühlen niedergedrückt werden. Was bin ich, der Erdgeborene, vor dem Ewigen? Wie darf ich Sünder den Namen des Heiligen nennen?

Und doch habe ich eine tiefe Sehnsucht nach Gott, die meiner Seele keine Ruhe läßt, bis sie ihr Ziel erreicht hat. Nach Liebe dürste ich, nach Liebe strecke ich meines Geistes Arme aus. Nichts Irdisches kann mir genügen. Es geht ja alles dahin, und hat das Leben nicht in sich selbst: was bleibt mir zuletzt? O, daß ich ihn lieben könnte, der das Leben selber ist; daß ich mein Herz eintauchen könnte in die Fülle der Wahrheit und Schönheit!

Merke auf, du verlangende Seele, bereite dich zur Freude, vernimm das Wort, das deine Seligkeit ausspricht, das Wort: Gott ist die Liebe. Siehe, alles, was als heilige Sehnsucht in dir lebt, dein brünstigstes Gefühl, es ist nur ein Strahl von dem ewigen Urquell alles Lichtes, von der Sonne des Lebens. Zu ihr weist dich der Strahl; folge getrost, schaue entzückt hinein, bete frohlockend an, und sprich: Mein Vater! Fürchte dich nicht, mein Herz, du bist geliebt, ehe du es ahntest. Inmitten der Kinder des Höchsten stehst du vor dem Vater, bestimmt zu Kindes=glück und Kindesliebe.

Wie kann ich's ausdenken? Welch eine Unendlichkeit der Freuden thut sich vor mir auf! Mit meinem heiligsten Wunsche greife ich der Wirklichkeit nicht voraus; nein, der Wunsch ist nur ein schwacher Abglanz derselben. Diesem Geheimnis nachzudenken, ist Wonne. Möge täglich mein Geist sich tiefer darein versenken!

O heiliger, reiner, ewig guter Gott, den ich meinen Vater nennen darf — mein Vater, der du mich geliebt und in mir die Flamme der Liebe angezündet hast, wie soll ich jemals dich genug lieben? Mein Herz gehört dir; ich will von keiner anderen Seligkeit hören, als an dich mich anzuschließen, und dir zu leben. Die Unvollkommenheit dieses Lebens mag mich drücken, der Kampf der Welt mag mich umbrausen, und manche Anfechtung über mich herauf= führen: ich weiß, an wen ich glaube, und wen ich liebe. Was ist das alles gegen das Glück, dein geliebtes Kind zu sein? Mit dir überwinde ich alles. Ich blicke vorwärts, und siehe, vor mir ist es licht, und wird immer lichter; die Nacht sinkt hinter mir zurück.

Danket dem Herrn, denn er ist freundlich.

"Ich will den Herrn loben, so lange ich lebe, und meinem Gott lobsingen, so lange ich bin.

Treu ist Gott und kein Böses an ihm, gerecht und gut ist er. Seine Güte ist es, daß wir nicht gar aus sind, seine Barmherzigkeit hat noch kein Ende; sondern sie ist alle Morgen neu, und seine Treue ist groß.

Lobet den Herrn; denn unsern Gott loben, das ist ein köstliches Ding, solches Lob ist lieblich und schön."

Wenn ich der Vergangenheit gedenke, und den Weg überblicke, den ich bisher in diesem irdischen Dasein zurück= gelegt habe, so erstaune ich, und muß bekennen: Das ist nicht mein Werk gewesen. Auf wunderbaren Pfaden, die

ich nicht erwählt habe, durch Freuden und Leiden, durch
Gefahren aller Art bin ich bis an diesen Punkt gekommen,
an dem ich jetzt stehe, und rufe aus: Das hat Gott gethan!
Seine Hand sehe ich überall in meinem Leben; er hat
mich erhalten, getragen und geleitet nach seinem Rat;
und ob ich in meinen kurzsichtigen Gedanken damit ein=
verstanden war oder nicht, er hat seinen Willen mit mir
durchgeführt und es zu einem guten Ende gebracht.

Noch stehe ich mitten in meiner Erdenlaufbahn: ich
weiß nicht, wie sie zu Ende gehn wird. Aber ich erkenne
die Güte des Herrn auf meinen vorigen Wegen. Ich
blicke um mich her, und sehe mich von allen Seiten
reichlich gesegnet. Der Gaben meines Gottes, mit denen
er mein Dasein geschmückt hat, sind so viele, daß ich sie
nicht zählen kann. Ich darf meines Lebens mich freuen,
und der schönen Welt, die mich umgiebt, gebrauchen; ich
darf wirken und schaffen; ich darf lieben und Liebe
empfangen; ich darf mit meinem nach Gott geschaffenen
Geist Wahrheit suchen und erkennen; vor allem darf ich
schöpfen aus dem Brunnquell der Wahrheit, darf mich
freuen in dem Ewigen, darf Gott lieben und in der Liebe
eins werden mit ihm, dem Vater, dem Herrn meines
Lebens. Fürwahr, ich bin so reich gesegnet, daß ich getrost
und freudig in die Zukunft blicken, und aus vollem
Herzen nur loben und danken kann, weil ich überall die
Spuren der Liebe meines Gottes erkenne, und nicht zweifeln
darf, daß er mich an seiner treuen Hand hält und leitet.

Mein Gott, dessen Güte ich nicht genug preisen, dessen
Wohlthaten ich nicht zählen kann, es ist meine Freude,
mein Herz zu dir zu erheben, dich anzubeten, dir zu

danken mit fröhlichem Gemüte. Deine Liebe umgiebt mich. Öffne mir das Verständnis; verhüte, daß eine Wolke der Betrübnis oder des Zweifels vor meine Seele trete, und mir den Blick auf dich trübe. Laß mich erkennen, laß mich mit Danksagung empfangen allen den Segen, der mir täglich aus deiner Hand zuteil wird. Lob, Preis und Dank sei dir für alles, für all dein Thun, mag ich es nun verstehn oder nicht. Denn alles, was du thust, ist sehr gut; meine Seele freut sich in dir, mein Geist soll immerdar anbeten und deinen Namen loben.

Lobe den Herrn meine Seele.

„Lobe den Herrn, meine Seele, und was in mir ist, seinen heiligen Namen. Lobe den Herrn, meine Seele, und vergiß nicht, was er dir Gutes gethan hat; der dir alle deine Sünden vergiebt, und heilet alle deine Gebrechen, der dein Leben vom Verderben erlöset, der dich krönet mit Gnade und Barmherzigkeit.

Barmherzig und gnädig ist der Herr, geduldig und von großer Güte. Er handelt nicht mit uns nach unsern Sünden, und vergilt uns nicht nach unsrer Missethat. Denn so hoch der Himmel über der Erde ist, läßt er seine Gnade walten über die, so ihn fürchten. So fern der Morgen ist vom Abend, läßt er unsere Übertretung von uns sein. Wie sich ein Vater über Kinder erbarmet, so erbarmt sich der Herr über die, so ihn fürchten.

Lobet den Herrn, alle seine Werke, an allen Orten seiner Herrschaft. Lobe den Herrn, meine Seele."

Wie sollte ich meines Gottes vergessen? Ist es doch seine Güte und Liebe, die mir auf allen meinen Wegen begegnet. So oft ich über mich selbst nachdenke, und mich frage: Wo bist du? Wem gehörst du? — siehe, so sind es seine Vaterarme, in denen ich mich finde, ich darf mich freuen und bekennen: Ich bin bei dir und wandle im Lichte deiner Gnade. Des Morgens, wenn ich erwache, leuchtet mir seine Freundlichkeit ins Herz, und wenn ich des Abends mich zur Ruhe lege, fühle ich mich von seiner Huld umfangen.

Ach, ich bin nicht wert aller Barmherzigkeit und Treue, die Gott an mir gethan hat. Ich bin ein unwürdiges Gefäß für so viele Liebe, und stehe beschämt bei dem Gedanken an die göttliche Güte und meine Erbärmlichkeit und Sünde. Ich sollte fröhlich und selig sein als ein Kind Gottes, und in meinem Glauben unerschütterlichen Lebensmut und Begeisterung für alles Gute haben; aber ich bin so matt und schwankend, und lasse so oft den Mut sinken, und lebe kalt und gleichgiltig dahin. Ich sollte meine Lust haben an Gottes ewigem Gesetz und meine Freude darin finden, zu lieben und in der Liebe gut und vollkommen zu werden; aber ich richte meine Gedanken so oft auf das Schlechte und Häßliche, und denke nur an mich selbst, und verderbe in Selbstsucht. O, ich muß mich anklagen, ich bin nicht, wie ich sein sollte und könnte.

Aber Gott bleibt sich gleich, barmherzig und gnädig, geduldig und langmütig. Er straft mich wohl; aber ich fühle, es ist die Vaterhand, die mich vom falschen Wege zurückziehen will. Er führt mich in Trübsal und Leidens= nacht; aber ich höre darin seine Stimme, wie er mich zu sich ruft. Wenn es dunkel ist um mich her, dann offenbart er sich mir, und ich erkenne seine Treue und Barmherzigkeit in schönerem, hellerem Lichte.

Herr Gott, barmherzig und gnädig, von großer Güte und Treue, du bist der Fels, auf den ich baue; du bleibst, der du bist, und wenn alles wechselt und wanket, deine Liebe wechselt nicht, deine Treue wankt nicht. Deine Güte erfahre ich in Freuden und Leiden; alles, alles, was geschieht, ist Barmherzigkeit und Gnade, die ich nicht verdient habe. Meine Seele soll dich preisen, all mein Denken und Empfinden sei Dank und Lobgesang. Dich loben alle deine Werke; aber in mir hast du dir einen Tempel zugerichtet, und eine unsterbliche Seele, nach deinem Bilde geschaffen, blicket auf in tiefgefühlter Freude, und bringt sich dir selbst zum Dankopfer dar in heißem Gebet. Vater, höre das Lallen deines Kindes, vernimm den Dank der Liebe, die du selbst in mir entzündet hast.

Sorget nicht.

„Wo der Herr nicht das Haus bauet, da arbeiten umsonst, die daran bauen. Wo der Herr nicht die Stadt behütet, da wachet der Wächter umsonst. Da ist es umsonst, daß ihr frühe aufstehet, und hernach lange sitzet, und esset euer Brot mit Sorgen; denn seinen Freunden giebt er es schlafend."

Die Menschen machen sich viel Sorge und Mühe um der Dinge dieser Welt willen. Es ist ein lärmendes

Treiben und Drängen um mich her. Einer sucht es dem andern abzugewinnen, mit guten und schlechten Mitteln; einer ist dem andern im Wege; man haßt und neidet, man zankt und eifert; und so geht die kurze Zeit des Lebens dahin mit Kämpfen und Ringen, mit vielen bittern Erfahrungen und Enttäuschungen, und bleibt nichts übrig, das der Mühe wert wäre.

Soll ich mich auch hineinstürzen in den Strudel? — Nein, ich will den Frieden meiner Seele nicht um einer Thorheit willen dahingeben. Ich will nicht des Morgens mit Sorgen erwachen, und des Abends, wenn ich den Tag über mit aufreibender Hast vergeblich den Schatten nachgejagt bin, in trostloser, mürrischer Ermattung auf mein Lager sinken. Was kommt dabei heraus? Man sucht und findet nicht, man wünscht und erlangt es nicht, und wenn man es meint erreicht zu haben, so ist es nicht das, was man gehofft hat, und macht nicht glücklich.

Ich will mein Glück und mein Leben in Gottes Hand legen, ich will der Unruhe meines Herzens Schweigen gebieten, und still und gläubig zu meinem Herrn auf=
blicken. Er ist die Quelle alles Segens; habe ich ihn, so habe ich alles; ist er für mich, so kann nichts wider mich sein. Das sei meine Sehnsucht und mein Gebet, das höchste Ziel meines Strebens, daß ich sein Freund sein möge, von ihm geliebt, von seinem Geist erleuchtet und geheiligt. In seinem Dienste, vor seinem Angesichte will ich treu und gewissenhaft meine Pflicht thun, mit freiem, fröhlichem Kindessinn wirken und schaffen auf Erden, so lange die vom Vater mir zugemessene Zeit

währt, nicht mit ängstlicher, finsterer Hast, sondern mit stiller seliger Lust. Dem Herrn gehört mein Leben und mein Arbeiten; ich thue getrost, was er mich heißt; das Gelingen überlasse ich ihm, und danke ihm für seinen Segen.

Lieber Vater im Himmel, dir sei mein Thun empfohlen; all mein Streben und Wirken lege ich in deine Hand. In deinem Namen will ich vollbringen, was du in meinem Beruf mir gebietest. Der Segen kommt von dir. Ich brauche dir's nicht zu sagen, was mir nötig ist, ich nehme alles in Demut an, was du mir bestimmst. Laß mich nur deinen Freund, dein Kind sein, und erhalte mich auf deinen Wegen, daß ich treu erfunden werden möge. Das ist mein Wunsch und Gebet. Alle andern Sorgen werfe ich auf dich; denn ich weiß, daß du für mich sorgest.

Meine Hilfe kommt von dem Herrn.

"Wer unter dem Schirm des Höchsten sitzet und unter dem Schatten des Allmächtigen bleibet, der spricht zu dem Herrn: Meine Zuversicht und meine Burg, mein Gott, auf den ich hoffe.

Meine Hilfe kommt von dem Herrn, der Himmel und Erde gemacht hat. Er wird deinen Fuß nicht gleiten lassen; und der dich behütet, schläft nicht. Er wird dich mit seinen Fittichen decken und deine Zuflucht wird sein unter seinen Flügeln. Seine Treue ist Schirm und Schild, daß du nicht erschrecken müssest vor dem Grauen der Nacht, vor den Pfeilen, die am Tage fliegen, vor der Pestilenz, die im Finstern schleichet, vor der Seuche, die am Mittag verderbet."

Wie sind wir doch so schwache, gebrechliche Geschöpfe, und haben unser Schicksal so wenig in unserer Hand! Ein zartes, leicht zerstörbares Gefäß ist unser Körper; eine falsche Bewegung, ein Druck der Elemente kann ihn vernichten. Wir wissen keinen Augenblick, ob wir in der nächsten Stunde noch leben werden; unser Leben ist ein Licht, das jeder Luftzug ausblasen kann. Und wie wir selbst, so ist auch unser Glück zerbrechlich und hinfällig. Eine Stunde kann viel ändern, ein schnelles Ereignis kann uns der Güter berauben, an deren Genuß wir gewöhnt sind, und das Liebste und Teuerste, was unser irdisches Glück ausmacht, von unserm Herzen reißen. So stehen wir da in unserem Leben, von unbekannten Gefahren umringt, und wissen nicht, was die nächste Zukunft uns bringen wird, und haben keine Ahnung, selbst wenn wir am Rande eines Abgrunds stehn.

Ist es da nicht ein Leichtsinn, frohen Mutes zu sein, und unbekümmert in's Dunkel der Zukunft hineinzu=schreiten? Ja gewiß, ein Leichtsinn ist es für den, der auf eigne Hand seinen Weg geht. Aber ich bin nicht allein, ich habe den Allmächtigen zur Seite und stütze mich auf den Herrn, der mich zum Leben gerufen und bis zu dieser Stunde durch alle Gefahren und allen Widerstreit der Elemente hindurchgeführt hat, der auch alle meine Tage kennt, die noch kommen sollen, und wohl weiß, durch welche Schicksale er mich zu dem von ihm bestimmten Ziele geleiten will.

Ich nenne ihn meinen Vater und glaube an seine Liebe; ich halte mich an ihn, und niemand kann mich von seiner Seite reißen. Bin ich schwach, so ist er stark, der Allgewaltige; bin ich unwissend, so ist vor seinen Augen alles Licht und Klarheit; bin ich vergänglich, so ist er der Ewige und Lebendige, und läßt mich teilhaben an seinem Leben. Darum fürchte ich mich nicht. Ob auch die Stürme des Lebens um mich brausen, ob die Kräfte der Natur im Kampfe liegen, und die Mächte der Welt wider einander toben: ich zittre und zage nicht; denn der die Stürme entfesselt und den Gewalten gebietet, das ist mein Vater, der mich kennt und liebt. In seinem Schoße ruhe ich mit Frieden, bis der Aufruhr sich legt.

Allmächtiger Gott, lieber Vater, mein Schutz und Schirm, mein Trost und meine Freude, stärke mir den Glauben, und wirke in mir ein festes, unerschütterliches Vertrauen. Ich muß verzagen, wenn ich an dir irre werde, ich habe keine Zuflucht von meinem hinfälligen Leben, als bei dir. Es ist alles um mich her verworren und unverständlich; nur wenn ich in deiner Liebe ruhe, wird es hell und klar vor mir, und Friede erquickt meine Seele. Laß mich sicher wohnen unter deinem Schutze. Wie ein Kind unter den Augen der Eltern, will ich vor dir ein- und ausgehn, bis ich mit deiner Hülfe werde am Ziel angelangt sein, wo mein Glaube sich verklären soll zu seligem Schauen.

Dein Wille geschehe.

„Vater, nicht wie ich will, sondern wie du willst."

Froh und selig sollte ein Kind des Höchsten wandeln vor dem Angesicht seines Vaters; aber ich bin so oft betrübt, und gehe gebeugt und in mich gekehrt meinen Weg. Warum doch? Was stört den Frieden meines Innern, und ruft mißtönend dazwischen, wo alle Stimmen zusammenklingen sollten?

Mein Eigenwille ist es, der mich mit den Gedanken meines Vaters in Widerspruch bringt. Ich schaffe mir eine Welt meiner Wünsche, anstatt in der wirklichen Welt mich zurecht zu finden. Ich bin unzufrieden und gebe dem Unmut Raum, wenn meine kindischen Erwartungen nicht erfüllt werden. Ich schaue fragend und argwöhnisch auf Gott, ob seine Liebe erkaltet sei, und seine Gnade sich abgewendet habe. Ich stürme auf ihn ein mit meinem Verlangen und Gebet, als müsse ich ihn belehren, was recht ist, und meine Gedanken ihm aufzwingen. Ich warte auf ein plötzliches Eingreifen seiner Hand, als habe er sich zurückgezogen, und lasse blinde Mächte über mich walten. Ich bin zerfallen mit der Gegenwart, und lebe in der Zukunft, von ihr die Erfüllung meiner Begehren erwartend. So bin ich in mir zerrissen, der Glaube wankt, höchstens kränkelnde Hoffnung überdeckt den innern Hader.

Du thörichtes Herz, warum schaffst du dir diese Schmerzen? Du sollst nicht dem Höchsten deinen Willen aufdrängen; du sollst dich einordnen in seine Gedanken und ein Werkzeug seines Geistes werden. Das ist deine Aufgabe und dein Glück. Willst du ihn meistern? Willst du es besser wissen? Willst du ihm sagen, was er thun soll, und was dir frommt?

Ich will mich vor ihm bemütigen und auf allen Eigensinn und Eigenwillen verzichten, nicht mit gebrochenem Herzen, nicht in mürrischer Entsagung, sondern gern, frei, kindlich freudig, im Vertrauen auf seine Weisheit und Liebe. In allen Schicksalen will ich mich ihm zu eigen geben. Ich will die Stimmen der Aufregung in mir nicht laut werden lassen, sondern still lauschen, ob ich in dem, was mir widerfährt, seinen Vaterruf vernehme, und seine Meinung verstehe. Mein Gebet sei Ergebung in seinen Willen, Stärkung meiner Liebe, Vereinigung meiner Seele mit ihm. Mein Glaube sei die Gewißheit, daß ich allezeit in den besten Händen bin, und dem, der Gott liebt, alles zum Segen gereichen muß. Mein Thun sei die freie, naturgemäße Äußerung der Liebe, der Einheit mit meinem Vater, kein ungewisses Umhertasten, kein hastiges Stürmen, kein trübsinniges Müssen, kein gedanken= loses Folgen, sondern ein zuversichtliches, ruhiges, freies und freudiges Wirken in dem Bewußtsein, daß ich vom Herrn der Welt an meinen Platz gestellt bin, und im Namen meines Vaters im Himmel mein Werk vollbringe.

Gottes Wille geschehe! Das sei der Grundton aller meiner Gedanken und Wünsche, alles meines Strebens.

und Schaffens. Gottes Wille ist gut. Das sei meine Weisheit, meine Gottesgelehrtheit. Mich mit allem, was ich bin, dem Willen meines Vaters einzufügen, sei meine Frömmigkeit, meine Religion. Ich weiß nichts, ich verstehe nichts, ich bin ein unverständiges Kind: Gott weiß, was er thut, und versteht, was geschehen muß; ihm bringe ich mich zum Opfer dar.

Mein Vater, einige meinen Geist mit dir, daß ich im Glauben an dich Kraft und Frieden finde, und fromm, still, klar und heiter werde. Bring zur Ruhe die Stürme in meiner Seele, zerstreue die düstern Bilder, verscheuche die thörichten, und doch so beunruhigenden Träume, die eine von dir losgelöste Einbildung erzeugt. Laß es in mir Tag werden, daß ich erkenne, wie ich in deiner Liebe geborgen bin, und dein Wille mein Leben ist. Wie oft habe ich den Aufschwung meines Geistes gehindert und meine Kräfte gelähmt, weil ich einen andern Weg gehen wollte, als du, und meinte dir deine Zustimmung abringen zu müssen. Ach, möchte der Thorheit nun genug sein! Möchte ich lernen, mich an dich anzuschließen, und mein Leben mit dir in Übereinstimmung zu bringen! Gieb Kraft, daß ich mich selbst überwinde, und Weisheit, daß alle meine Wünsche in dem einen zusammenfließen: Dein Wille geschehe!

Laß dir an meiner Gnade genügen.

„Demütiget euch unter die gewaltige Hand Gottes, daß er euch erhöhe zu seiner Zeit. Alle eure Sorge werfet auf ihn, denn er sorgt für euch. Welche leiden nach seinem Willen, die sollen ihm ihre Seelen befehlen, als dem treuen Schöpfer, mit guten Werken."

So schwer und unbegreiflich mir auch mein Schicksal erscheint, so will ich mich doch unter den Allmächtigen beugen, und bedenken, daß ich nur ein Stäubchen bin in seiner Schöpfung, und seine Gedanken auch nicht von ferne zu fassen vermag. Er führt das Regiment der Welt, und giebt der Ewigkeit ihre Entwicklung. Völker sind in ihr nur Sandkörner, und Welten sind Bausteine. Darin muß auch mein unbedeutendes Leben an seiner Stelle sich einfügen. Wie darf ich denn dem Herrn die Bahn vorschreiben, auf der er nach meinen thörichten Gedanken mich führen soll? Ich weiß nicht, was ich vorher war, und ahne nur, was ich nachher sein werde. Mich selbst verstehe ich nur zu einem kleinen Teile, um wie viel weniger die Ewigkeit, in der ich schwebe. So wäre es ja Unverstand, wenn ich Gott raten wollte, wie er mich und um meinetwillen die Welt regieren soll. Nein, ich unterwerfe mich ohne Bedingung unter seine Hand, und demütige mich vor ihm. Ich will keinen eigenen Willen haben, sein Wille sei auch der meinige. Ich ordne alle meine Wünsche ein in seinen Ratschluß, und alle meine Sorgen werfe ich auf ihn.

Er hat mir so manches teure Pfand seiner Liebe gegeben, hat in meinem Herzen den Glauben an seine Huld an= gezündet, und mein Leben dadurch schön und freundlich gemacht. Er ist mir gnädig: das weiß ich mit seliger Gewißheit, und das ist mir genug. Was brauche ich mehr, wenn ich seiner Liebe versichert bin? Sind nicht auch die Anfechtungen, die mich treffen, von der Liebe mir verhängt? O, ich habe es so oft schon erfahren zu meinem Heil, wie segensreich sie mir geworden sind. Ich habe schon oft geseufzt, und nachher gedankt. Sie sind mir nötig, die Prüfungen von Zeit zu Zeit, ich fühle es zu deutlich. Sie sind es, die Gottes Kraft und Gottes Leben in meine Seele hineinführen, da sie sonst versiegen und verderben würde. Darum nehme ich sie hin als Zeichen der Liebe meines Gottes, und habe eben darin auch die Bürgschaft, daß sie zu rechter Zeit ihr Ende finden, und nicht härter sein werden, als ich es ertragen kann.

Getreuer Gott, ich beuge mich vor dir, und gebe mich in deinen Willen dahin. Führe mich nur immer weiter auf dem Wege, auf welchem du mich bisher geleitet hast. Er ist der rechte, das glaube ich fest; und wenn nur deine Gnade mir voranleuchtet, so kann ich getrost meine Bahn wandeln, und werde in der Versuchung nicht unter= liegen. Erhalte mich nur in der Gewißheit deiner Liebe; das soll mir genügen. Regiere, belebe, heilige mich; sei du alles, so will ich nichts sein, allein dir hingegeben, achtend auf deinen Wink. O, dann bin ich stark auch in der Schwachheit: Du bist meine Stärke und meine Kraft.

Wir sehn nicht auf das Sichtbare, sondern auf das Unsichtbare.

„Ob unser äußerlicher Mensch verweset, so wird doch der innerliche von Tag zu Tag erneuert. Denn unsere Trübsal, die zeitlich und leicht ist, schaffet eine ewige und über alle Maßen reiche Herrlichkeit uns, die wir nicht sehen auf das Sichtbare, sondern auf das Unsichtbare. Denn was sichtbar ist, das ist zeitlich, was aber unsichtbar ist, das ist ewig."

Unser leibliches Leben geht den Gang alles Irdischen: es währt kurze Zeit, und fällt in sich selbst zusammen. Jeder Augenblick, der kaum bemerkbar vorüberfliegt, nimmt ein Stück mit hinweg; es ist ein fortwährendes Abnehmen, und während ich dieses denke, bin ich dem Ende wieder einen Schritt näher gekommen.

Aber indem ich also hinschwinde, sprießt in mir ein anderes Leben, entwickelt sich, und strebt seiner Blüte entgegen, nicht ein abnehmendes, sondern ein zunehmendes, das Leben der Seele, die mit der Inbrunst der Liebe und seliger Ahnung Gott sich zuwendet, und im Scheine seines Lichtes zum Bewußtsein sich entfaltet.

Welch ein Blick thut sich mir hier auf! Ich habe den Ewigen empfunden, er hat mein Herz mit der Liebe zu ihm entflammt, ich fühle in mir Geist von seinem Geiste. Ein neues Dasein hat in mir begonnen, und ich verstehe, daß mein irdisches, sichtbares Leben nur die Hülle eines unendlichen, unsichtbaren Lebens ist, das zum Lichte ringt, und einmal frei sich bewegen wird, wenn es die Umhüllung abgestreift hat.

O Herz, denke doch daran, und mache dir's recht deutlich. Laß dich doch nicht so verwirren von den Anfechtungen der Zeitlichkeit, als wenn Himmel und Erde daran hinge. Sie sind ja unbedeutend und vorübergehend, und kommen dir nur so groß vor, weil sie dir unmittelbar vor Augen sind, gleichwie ein kleiner Hügel vor unsern Blicken eine ganze herrliche Landschaft verdecken kann. Mache sie dir zunutze, laß sie zur Förderung deines innern Lebens dienen. Laß sie deine Sehnsucht nach Gott inbrünstiger, deinen Glauben mutiger machen; laß sie dich reinigen von dem Anhauch der Sünde; laß sie deine Liebe zu hellerer Glut anfachen. Die Anfechtungen gehn vorüber, einst wirst du kaum ihrer noch gedenken; der Gewinn bleibt. Du kannst in der Zeit schaffen und wirken für die Ewigkeit; was kann es Schöneres und Erhebenderes geben?

Unsichtbarer, der du mich umgiebst, der du das Bild deines unendlichen heiligen Wesens in mich gelegt hast, laß gedeihen in deinem Lichte das Leben meiner Seele. Du hast mich durch deine Gnade auf die Höhe geführt, von der mein Blick hineinschaut in die Ewigkeit. Ich beginne zu verstehn, was vor mir liegt, und bete an. Mein irdisches Leben verklärst du mir zur Vorstufe des himmlischen; ich sehe es ruhig und furchtlos schwinden, und freue mich dessen, das da bleibt.. Erhalte mich in diesem Glauben, laß mich darin immer gewisser, freier, lebensfreudiger werden. Es ist dein Wille, du hast mich dazu geschaffen; es möge dein Ratschluß in mir sich vollenden!

Wen der Herr lieb hat, den züchtigt er.

„Ich bin bei dir, spricht der Herr, daß ich dir helfe. Ich will es nicht ein Ende mit dir machen. Züchtigen will ich dich mit Maßen, will dich nicht ungestraft lassen. Aber ich will dich wieder gesund machen, und deine Wunden heilen, spricht der Herr."

Ich will geduldig sein in meiner Trübsal und dem Herrn stille halten, der mich züchtigt. Ich will nicht murren und schelten, auch nicht verzagen, als wenn alles zu Ende wäre. Es ist eine dunkle Wolke, die über meinem Haupte steht, aber die Sonne ist deswegen noch nicht vom Himmel verschwunden. Die Wolke wird vorüberziehn, und ich werde wieder im Lichte fröhlich sein. Gott ist mein Trost, seine Liebe hat noch kein Ende. Die Schläge kommen von ihm, und sind gut gemeint; er weiß, warum ich sie nötig habe.

Ich soll mich selbst erkennen, und begreifen, wo mir's fehlt. Habe ich Gott von ganzem Herzen geliebt? Habe ich nur ihm leben und dienen wollen? Oder habe ich nicht vielmehr allein an mich gedacht, nur mir gelebt, und mein Wohlergehn höher geachtet, als die Gerechtigkeit und das Wohl meines Nächsten? O du stolzes, kaltes Herz, du selbstsüchtiger Sinn, du mußt durch Leiden gedemütigt werden; du mußt lernen, deinen Willen dahin=

zugeben in den Willen des Herrn. Du mußt weinen lernen, damit du dich hütest, deinem Nächsten Thränen auszupressen, damit du begierig werdest, die Thränen des Kummers zu trocknen.

Nein, ich bin nicht unschuldig, ich hätte wohl viel härteres Leid verdient. Aber Gott züchtigt mich gnädig, und läßt mich nicht untergehn in der Trübsal. Ich will seine Güte auch unter den Schmerzen erkennen; unter Thränen will ich zu ihm aufblicken, und ihm danken.

Lieber, barmherziger Vater, Dank sei dir für alles. Ich bin betrübt, aber ich verzage nicht; ich muß weinen, aber ich hoffe auf dich. Deine Liebe ist mein Trost in meinem Leiden. Ich weiß, daß du derselbe bleibst in Ewigkeit; bei dir ist kein Wechsel des Lichts und der Finsternis. Bewahre nur in mir diese Zuversicht, und halte mich aufrecht, daß mein Glaube nicht wanke. Laß mich, auch wenn du mich züchtigest, deine Stimme hören, die da freundlich zu mir redet und mich beim Kindesnamen nennt. Ich möchte wohl bitten: Mach ein Ende, Herr, es ist genug, ich habe genug erduldet. Aber ich weiß ja nicht, wann die rechte Zeit ist. Darum rufe ich: Mein Vater, dein Wille geschehe! Laß die Trübsal wirken, was dein gnädiger Ratschluß bestimmt hat; laß sie ausrichten, wozu du sie gesendet hast. Laß sie mein Herz reinigen und läutern und in der Liebe befestigen. Und dann, wenn du die Zeit der Erlösung gekommen achtest, dann führe mich heraus, und laß das Licht mich wieder sehn. Dann werde ich mich vor dir freuen, und deine Güte preisen, die kein Ende hat.

Selig ist der Mann, der die Anfechtung erduldet.

„Die mit Thränen säen, werden mit Freuden ernten. Sie gehen hin und weinen, und tragen edlen Samen, und kommen mit Freuden und bringen ihre Garben."

Es kann ja einmal nicht anders sein: in der Hitze reift die Frucht, und in der Anfechtung vollendet sich der Glaube und die Liebe. Darum will ich Gott nicht widerstreben, wenn er mich in die Schule des Kreuzes nimmt. Es ist besser, Gottes Diener sein und etwas leiden, als bei vergänglicher, trügender Lust im Dienst der Sünde verderben. Man hält ja auch sonst dafür, daß auf Erden nichts Herrliches und Großes erreicht werde ohne Mühe und Anstrengung; und man verschmäht auch nicht die größten Kämpfe und Gefahren, um die irdischen Güter zu erwerben. Warum sollte ich zaghaft sein, wo ich unvergängliche Schätze des Herzens, Liebe und Glaube, Friede und Lauterkeit gewinnen kann?

Wohlan, ich bin bereit zu allem; ich will dulden, und nicht murren; ich will leiden und guten Mutes dabei sein. Ich will die Trübsal willkommen heißen, und sprechen: Du bist mir ein Bote Gottes, und kommst von ihm, seinen Segen mir zu bringen. Mein Glaube ist noch schwach und schwankend; das Leiden soll ihn stärken, und mich erfahren lassen, wie selig ein Kind Gottes ist. Meine Liebe ist noch matt und unlauter; die Trübsal soll mich lehren, meiner selbst zu vergessen, und meine Freude darin zu suchen, daß ich mein Herz Gott und dem Nächsten dahingebe.

So will ich mich getrost und freudig unterwerfen. Meine Seele sei stille zu Gott! Ich habe es ja schon erfahren dürfen, wie Kraft und Mut wächst im geduldigen Ertragen. Ich werde noch mehr Erfahrung machen, und, wenn ich einmal mit Gottes Hilfe am Ziele stehe, mit anbetender Freude erkennen, wie selig die Wege waren, die er mich geführt hat, und ihm danken, daß er mich eine kleine Zeit hat lassen traurig sein, um mich zum wahren, vollen, unvergänglichen Leben zu führen.

So laß denn, du treuer Vater im Himmel, immerhin über mich kommen, was du nach deiner Weisheit für nötig achtest zu meiner Vollkommenheit. Ja, ich bitte dich, entziehe mir nichts, was mich frömmer und besser machen kann, was den Glauben stärkt und die Liebe fördert. Ich bin zu allem bereit, und will nicht widerstreben. Bewahre mich nur vor Trägheit und Ungehorsam, auf daß das Kreuz, das ich tragen soll, nicht vergeblich sei. O, laß mein Herz nicht matt oder bitter werden. Wenn ich dich verlasse, dann bin ich ja erst recht verlassen und unglücklich. Siehe, du legst es in meine Hand, ob mein Leid mir ein Segen oder ein Fluch sein soll. Es sei mir ein Segen, für den ich dir danke; es führe mich zu hellerem Lichte und zur seligen Gemeinschaft mit dir.

Meine Seele schreiet, Gott, zu dir.

„Ich will meinem Munde nicht wehren, ich will reden von der Angst meines Herzens, und will heraussagen von der Betrübnis meiner Seele. Ich breite meine Hände aus zu dir; meine Seele dürstet nach dir, wie ein dürres Land. Herr, erhöre mich bald, mein Geist vergeht; verbirg dein Antlitz nicht vor mir. Wende dich zu mir und sei mir gnädig; denn ich bin einsam und elend. Die Angst meines Herzens ist groß; führe mich aus meinen Nöten. Siehe an meinen Jammer und mein Elend, und vergieb mir alle meine Sünde. Herr, deine Güte ist ewig, das Werk deiner Hände wolleft du nicht lassen. Was betrübst du dich, meine Seele, und bist so unruhig in mir? Harre auf Gott; denn ich werde ihm noch danken, daß er mir hilft mit seinem Angesicht."

Ich hadere nicht mit Gott, ich will mich seiner Hand nicht entziehn. Aber ausschütten will ich mein Herz vor ihm und meine Not ihm klagen. Wem darf ich's sagen? Wer versteht die Seufzer meiner Seele? Er weiß, wie ich betrübt bin. Ich seufze, so hört er; ich blicke auf, so versteht er es. Das erleichtert mein Herz.

Mein Gott, mein Gott, deine Hand liegt schwer auf mir. Ich sinke nieder unter der Last, die du mir aufgebürdet hast; ich finde keine Kraft in mir, sie zu tragen. Des Morgens steht mein Schmerz mit mir auf, und wenn ich mich den Tag hindurch müde geweint habe, giebt mir auch die Nacht keine Ruhe. In meiner Seele ist es dunkel geworden, alle meine Gedanken sind hingenommen von meinem Leid, ich kann es keinen Augenblick vergessen. Ich bin matt und schleiche gedrückt einher. Ich habe keinen Mut mehr, ich bin zu schwach, mein Haupt zu erheben. Ich sage zu mir selbst: Raffe dich auf und wirf den Jammer von dir; aber ich kann es nicht durch= führen, und sinke wieder zurück in meine Traurigkeit. — Und doch bist du mein Gott, und hast dein Angesicht nicht von mir gewendet. Ich weiß es, und will es meinem verzagenden Herzen vorsagen, so lange ich noch eines Gedankens mächtig bin. O, daß ich's doch wieder recht verstehn und mit Freuden bekennen könnte! Daß doch mein Herz wieder mit Lust dir zujauchzen möchte! Richte mich auf, mein Gott, laß mich Trost empfinden, und erfreue meine Seele mit deiner Hilfe. Laß mich nicht untergehn in meinem Leibe; erbarme dich über das arme, schwache Herz, das noch nicht gelernt hat, alles zu ertragen. Ich harre auf dich. Ich blicke auf und warte, daß ein Strahl des Trostes mir erscheine. Er wird ja kommen, aber die Zeit dünkt mir lange. O, mache mich stark, hauche neuen Lebensodem in mein verglimmendes Herz. Mein Gott, mein Gott, verlaß mich nicht. Du wirst, du kannst dein Kind nicht verlassen.

Herr, zeige mir deine Wege.

„So spricht der Herr, dein Erlöser: Ich bin der Herr, dein Gott, der dich lehret, was nützlich ist, und leitet dich auf dem Wege, den du gehn sollst. O, daß du auf meine Gebote merktest! So würde dein Friede sein wie ein Wasserstrom, und dein Heil wie Meereswellen."

Wer zeigt mir den rechten Weg durch das wirre, verschlungene Leben? Ich sehe die Menschen durch einander rennen, zur Rechten und zur Linken, auf kreuzenden Pfaden; es ist ein verworrenes Treiben. Sie schleppen schwere Lasten, dahin, dorthin; sie suchen das Glück auf dieser, auf jener Seite; sie fragen und ratschlagen; der eine preist diesen Weg, der andere jenen, und wieder ein anderer kehrt erschöpft zurück und klagt: Ich habe nichts gefunden.

Wer zeigt mir die Bahn, die ich wandeln soll, damit ich finde, was mein Herz mit Sehnsucht verlangt? Die Entscheidung ist so ernst! es handelt sich um mein ganzes Glück, um alles, was ich bin, ob ich gedeihen oder verderben soll. Wehe mir, wenn ich einst nach langem, mühevollem Suchen, umhergejagt und ermattet, mir sagen müßte: Es war alles umsonst, du hast dein Leben verfehlt! Wer nimmt mich bei der Hand, und spricht zu mir: Komm, ich will dich zum Ziele führen?

Sei still und merke auf! Hörst du ihn nicht, der dich ruft bei deinem Namen? Zieh deinen Sinn ab von dem Geräusch, das dich umtönt, sammle dich und lausche. Deutlich bringt zu dir die Stimme deines Gottes: Ich habe dich geschaffen, ich bin dein Leben, ich bin dein Glück und das Ziel deines Daseins. Meinem Gesetz gehorcht alles, vom äußersten Stern bis zum Grashalm vor deinen Füßen, und folgt dem Triebe, den ich ihm eingepflanzt habe: solltest du allein deinen eigenen Weg gehen, und dabei glücklich sein? Folge mir, komm zu mir, mein Wort ist in deinem Herzen.

O Wort voll Heil und Leben! Wie sollte ich mich bedenken, ihm zu folgen, wie sollte ich auch nur einen Augenblick zweifelhaft sein? So klar, so überzeugend tönt es in meiner Seele und aus dem Munde der Besten unter den Menschen. Was haben sie gethan, welche wir preisen als leuchtende Sterne unsers Geschlechts, zu denen wir ehrfurchtsvoll und dankbar aufblicken? Sie sind der Stimme Gottes gefolgt und haben durch ihr Thun bezeugt, daß sein Gesetz das Leben ist. Ihnen will ich mich anschließen, und den Weg wandeln, auf welchem der Geist Gottes uns führt. Es ist kein anderer Weg zu Glück und Frieden.

Herr, höre meine Stimme, wenn ich rufe; sei mir gnädig und erhöre mich. Mein Herz hält dir vor dein Wort: Ihr sollt mein Antlitz suchen. Darum suche ich auch, Herr, dein Antlitz. Nach dir verlanget mich. Mein Gott, ich hoffe auf dich, laß mich nicht zuschanden werden. Wende dich zu mir und sei mir gnädig, wie du pflegst zu thun denen, die deinen Namen lieben. Laß meinen Gang gewiß sein in deinem Wort, und laß kein Unrecht über mich herrschen. Weise mir deinen Weg, daß ich wandle in deiner Wahrheit. Lehre mich thun nach beinem Wohlgefallen, denn du bist mein Gott; bein guter Geist führe mich auf ebener Bahn. Der Herr ist gut und treu, darum weist er die Sünder auf den rechten Weg. Die Wege des Herrn sind eitel Güte und Treue denen, die seinen Bund und Zeugnis halten.

Gott ist Licht.

„Gott ist Licht, und ist keine Finsternis in ihm. So wir sagen, daß wir Gemeinschaft mit ihm haben, und wandeln in Finsternis, so lügen wir, und thun nicht die Wahrheit.

Niemand hat Gott jemals gesehn. So wir uns unter einander lieben, so bleibet Gott in uns, und seine Liebe ist völlig in uns. Daran erkennen wir, daß wir in ihm bleiben und er in uns, daß er uns von seinem Geist gegeben hat."

Unsichtbar dem Auge des Leibes, aber sichtbar der verlangenden Seele, offenbart sich mir Gott auf jedem meiner Schritte. Jeder Keim eines höheren Lebens, der aus dem Boden meines Herzens sich emporringt, ist ein Zeuge der Sonne, die ihn hervorgerufen hat. Zu ihr strebt er auf, in ihrem Schein will er sich entfalten. Jede Ahnung einer alles umfassenden Wahrheit, jede heilige Regung der Liebe, jeder uneigennützige Trieb des Wirkens, jede Begeisterung für das Gute und Schöne: alles weist mich zu ihm, zu der Quelle aller dieser Lichtstrahlen, zu ihm, in dem alles heilige Empfinden und Streben Bestand und Wesen findet. Er ist das Licht, und alles, was in der

Welt des Geistes Licht ist, und lichtes Leben erzeugt, das kommt von ihm und strebt zu ihm. So oft ich rein und innig liebe, so oft ich glühe für Wahrheit und Gerechtigkeit, so oft ich meinen Wunsch erhebe nach der Vollkommenheit: so oft habe ich Gemeinschaft mit ihm. Das ist sein Geist, der mir im Herzen lebt, und mit heiliger Inbrunst mich durchzückt. Er in mir, ich in ihm. Das ist ein seliges Geheimnis. Das ist Leben, voll und tief, inhaltreicher, als mein Verständnis jetzt noch zu fassen vermag, der sprossende Keim einer unendlichen Herrlichkeit.

Noch freilich hat es zu kämpfen mit feindlichen Gewalten. Mächte der Finsternis umgeben mich; der Widerspruch hat sich nahe dem Heiligen gestellt, und trifft oft genug mit eisigem Hauch die Blüten meines Herzens. Ist's möglich, daß ich mich selbst aufgebe? Kann ich so verblendet sein, so gedankenlos und träg, daß ich die Gemeinschaft mit Gott mir trüben lasse durch die Schatten der Lüge und Sünde? O mein schwaches, thörichtes Herz!

Aber hinweg mit diesen Gedanken! Zum Lichte sei mein Blick gewendet, im Anschauen der Klarheit Gottes stärke sich meine Seele!

Du Heiliger, in dessen reinem Glanze alle Dunkelheit zerfließt, Licht ohne Finsternis, du Fülle aller Wahrheit und Schönheit, Dank sei dir, daß du mich gewürdigt hast, das Leben des Lichtes in meiner Seele zu hegen, daß du deinen Geist mir ins Herz gegeben hast. Laß mich den heiligen Schatz treu und innig bewahren und pflegen. Zerstreue immer mehr allen Nebel, der deinen Glanz mir verhüllt. Von einer Klarheit führe mich zur andern;

immer leuchtender gehe mir auf die Wahrheit, immer
verklärender enthülle sich mir die Liebe! Du bist die Liebe
und die Wahrheit, und ich bin dein Kind und Erbe nach
dem Ratschluß deiner Gnade.

Das Reich Gottes besteht nicht in Worten, sondern in Kraft.

„Wer in Gott bleibet, der sündiget nicht; wer da
sündiget, der hat ihn nicht gesehn noch erkannt. Denn
das ist die Liebe zu Gott, daß wir seine Gebote halten;
und seine Gebote sind nicht schwer."

Verhaßt ist und bleibe mir jede gemachte Frömmigkeit,
da man meint mit Redensarten oder eingebildeten Gefühlen
Gott zu dienen. Man täuscht wohl manche leichtgläubige
Seele; man täuscht vielleicht auch sich selbst, und hält
für wahr, was die Zunge zu reden sich angewöhnt, und
die Empfindung zu heucheln gelernt hat. Aber was hilft
mir das? Bin ich denn dazu da, um etwas zu scheinen?
um meine Seele sterben zu lassen, und nachher die Leiche
mit Blumen zu schmücken? Nur was ich bin, ist mein
Besitz. Leben will ich; nach vollem, reichem, ganzem Leben
sehne ich mich. Erreichen möchte ich's, wozu ich bestimmt
bin, vollenden die Anlage meiner Natur, daß kein Wider=
spruch mehr sei zwischen dem, was ich bin und was ich
soll, was ich kann und was ich will. Gut möchte ich
werden, wie Gott gut ist, und kann nicht eher ruhen, als
bis alle Triebe meines Herzens eins geworden sind in

der Liebe der Wahrheit. Erst wenn kein Wunsch mehr in mir ist, der nicht mit dem Willen Gottes übereinstimmt; wenn keine Begierde mich mehr hinwegzieht von dem Wege der Gottseligkeit; erst wenn ich nicht mehr sündigen kann: dann werde ich ganz glücklich sein. Ich muß verstehn lernen, daß der Wille meines Vaters einzig und allein Wahrheit, alles was ihm widerstrebt, Lüge ist. Ich muß mich so in ihn hineinleben, daß all mein Denken, Wollen und Thun aus der Verbindung mit ihm herauswächst, wie der Zweig am Baume grünt und blüht und Früchte trägt. Dann wird sein Gesetz nicht mehr befehlend und drohend vor meinen Augen stehn, sondern in meinem Herzen geschrieben sein; und sein Gebot wird mir nicht schwer, sondern als das einzig Mögliche und Natürliche erscheinen, das allein zum Ziele führt.

O, wie selig wäre ich, wenn ich schon dahin gelanget wäre! Aber ich weiß ja den Weg; Gott hat mich darauf gestellt, und hält das Ziel mir vor. Ich will meinen Blick darauf gerichtet sein lassen; nichts halte mich auf, vor allem kein Geschwätz und keine Selbsttäuschung.

Mein Gott, laß mich's erreichen, wonach mein ganzes Wesen verlangt. Du hast ja nicht umsonst den Trieb in mich hineingelegt, du hältst nicht täuschend mir den schönen Preis vor Augen, damit ich unterwegs liegen bleibe und in Sehnsucht darnach verschmachte. Ich hasse die Sünde, weil sie mich von dir trennt. Ach, hilf mir doch die Fesseln zerreißen, mit denen sie mich umschlossen hält; hilf mir den Wahn zerstreuen, der meinen Blick noch trübt. Es ist alles Lüge und Täuschung, was dir widerspricht. Mache mich frei, mein Vater, erlöse dein Kind, und ziehe mich in deine Nähe, daß ich da zu mir selber komme, und erfahre, was Leben ist.

Was der Mensch säet, das wird er ernten.

„Irret euch nicht, Gott läßt sich nicht spotten: denn was der Mensch säet, das wird er ernten. Wer auf sein Fleisch säet, der wird von dem Fleisch das Verderben ernten. Wer aber auf den Geist säet, der wird von dem Geist das ewige Leben ernten."

Wie die Gesetze der Natur, nach denen die Frucht dem Samen entspricht, unveränderlich fest und unwandelbar sind, so auch die heiligen Ordnungen Gottes im geistigen Leben. Siehe und höre, was um dich vorgeht, und du kannst nicht mehr zweifeln.

Die Menschen mit dem freien, sanften Blick, mit dem reinen Frieden ihrer Seele, mit der sieghaften Klarheit ihres Thuns, die vielgeliebten und vielgesegneten, von denen das Gute ausströmt, wie der Quell aus dem Berge, und in die es hineinfließt, wie der Regen in das Land — o, ich kenne sie, und wie oft habe ich gewünscht, zu ihnen zu gehören! — sie predigen von dem heiligen Gesetz Gottes: Was der Mensch säet, das wird er ernten. Und wiederum die ruhelosen, unseligen Gemüter, die, von der Begierde umhergetrieben, in keinem Genuß Befriedigung finden, die mißhandelten Knechte ihrer selbstsüchtigen Gedanken, die lieblosen und ungeliebten, denen die Welt öde, und das Leben farblos geworden: welch erschütternde Zeugen der ewigen, unwandelbaren Gerechtigkeit!

Und ich? — Ach, ich weiß es, welche Sünden und Schwachheiten mein Leben mir verbittert haben, und noch jetzt den Wermuttropfen in meine Freuden gießen. Ich weiß, wie sie sich entwickelt haben, und warum sie mir so mächtig geworden sind. Ich denke mit Schmerz daran, wie ich den bösen Samen ausgestreut, oder ihn ungehindert habe ins Herz hereinfallen lassen, wie ich die giftigen Pflanzen gepflegt und geschont habe; und als sie anfingen, ihre Früchte zu tragen, waren sie so fest gewurzelt, daß ich mich vergeblich quäle, sie herauszureißen.

O Gott, ich bin tief betrübt, wenn ich meiner Sünde gedenke. Aber ich nehme meine Zuflucht zu dir. Du kennst ja mein Herz, ohne daß ich dir's schildere; vor dir ist mein Leben aufgeschlagen, wie ein offenes Buch: meine Sünden, meine Kämpfe, mein Leiden und meine Gebete sind dir alle bekannt. Du willst nicht mein Verderben. Du hast so oft mir zugerufen auf meinem Wege; hast auch so manches gute Samenkorn mir dargereicht, das ich aussäen konnte, das unter deinem Schutze gedieh, und dessen Früchte mir schon süße Labe und einen Vorgeschmack von der Ernte der Seligen gespendet haben. Daran will ich gedenken, und Mut fassen. In meinem Schmerze schaue ich auf zu dir, und ich finde meine Freudigkeit wieder. Ich gebe den Kampf nicht auf, und lasse die Hoffnung nicht sinken. Je mehr meine Armut mich drückt, desto brünstiger verlange ich nach dem Reichtum des wahren Lebens. Unverwandt will ich aus der Tiefe aufblicken zur lichten Höhe, in meiner Unvollkommenheit mich aufrichten an dem Bilde des Vollkommenen, das so entzückend, so einladend, so belebend vor meiner Seele steht. Du läßt mir's leuchten, damit ich den Weg zu dir finde. Denn du hast mich zur Vollkommenheit bestimmt, und wirst mir durch alle Verirrungen, durch Schmerz und Verzagtheit hindurchhelfen, daß ich das Ziel erreiche. Nimm mich bei der Hand, daß ich nicht falle; stärke mich, daß ich nicht verzweifelt niedersinke.

Wandelt wie die Kinder des Lichts.

"Die Nacht ist vergangen, der Tag aber herbeigekommen; so laßt uns ablegen die Werke der Finsternis und anlegen die Waffen des Lichts. Ziehet den alten Menschen mit seinen Werken aus, und ziehet den neuen an, der da erneuert wird zu der Erkenntnis, nach dem Ebenbilde dessen, der ihn geschaffen hat. Wandelt im Geist, so werdet ihr die Lüste des Fleisches nicht vollbringen. Die Frucht aber des Geistes ist Liebe, Freude, Friede, Geduld, Freundlichkeit, Gütigkeit, Treue, Sanftmut, Keuschheit."

Wenn du an einem hellen Morgen aus schweren, angstvollen Träumen erwachst — der blaue Himmel blickt durchs Fenster, die Sonne vergoldet die Höhen, grüne Blätter grüßen herein, und die Vögel singen in den Zweigen — hinunter in die Tiefe sinken die Schreckgestalten der Nacht, das Herz atmet auf, und Lebenslust strömt ein: wie dankbar erhebt sich die Seele zu dem Vater des Lichts!

Oder solltest du Neigung haben, das Auge wieder zu schließen und weiter zu träumen? Nein, bleibet, wo ihr seid, ihr Schatten der Finsternis; der Geist ist frei und regt sich im Lichte!

So will ich auch sprechen zu den Nachtgespenstern der Sünde und Gottverlassenheit, daß sie hinabschwinden in das Nichts, dem sie gehören, und meine Seele nicht ängstigen mit den Bildern des Grauens. Es ist ja heller Tag um mich her. Die Sonne des Lebens steht am Himmel, und gießt ihre Strahlen über die Welt aus, der heilige, gute Gott, dessen Wille die Schöpfung durchwaltet. Mein Geist ist geschaffen nach seinem Bilde, ein Spiegel der ewigen Wahrheit. Er hat mich bestimmt zum geistigen Leben, zu Liebe und Freude, zur Gemeinschaft mit ihm im Glauben, zum seligen Streben nach der Vollkommenheit. Er hat mich hineingestellt in eine Menschheit, in welcher sein Geist seit Jahrtausenden gewirkt, und eine Klarheit nach der andern enthüllt hat. Ich bin umgeben vom Lichte: o, daß ich möchte meine Augen weit aufthun, und zu immer vollerem Bewußtsein des Lebens kommen! Ich höre so deutlich die Stimme des Vaters, der mich heraus=ruft zu vollem Genuß des Daseins: o, daß ich ihr folgen und in die Wahrheit mich eintauchen möchte! daß ich nicht die Zeit versäumen möchte im Kampf mit der Eitelkeit; daß ich mich nicht müßte herumschlagen mit den Zerrbildern der Lüge, die mich um das wahre, reiche Leben betrügen!

O Vater des Lichts, du treuer Gott, der du mich gewürdigt hast, deinen Namen zu nennen, und zu deinem

Glanze den Blick zu erheben: vollende in mir, was du begonnen, und befreie die nach dem Leben ringende Seele aus den Banden der Finsternis. Laß mich verstehn, wozu du mich berufen hast; laß mich die Schönheit des Lichtes und der Wahrheit empfinden. Dein Geist gestalte in meiner Seele dein Bild, und vereinige mich mit dir im Glauben. Er lehre mich lieben und glücklich sein, und verkläre mein Dasein zu einem göttlichen Leben in Reinheit und Heiligkeit. Du hast mich zu dir gezogen, du wirst mich nicht wieder von dir stoßen.

Ihr sollt vollkommen sein, wie euer Vater im Himmel vollkommen ist.

„Gleich dem, der euch berufen hat und heilig ist, seid auch ihr heilig in allem euren Wandel.

Was wahrhaftig ist, was ehrbar, was gerecht, was keusch, was lieblich, was wohl lautet, ist etwa eine Tugend, ist etwa ein Lob, dem denket nach.

Ihr seid das Licht der Welt. Lasset euer Licht leuchten vor den Leuten, daß sie eure guten Werke sehn und euren Vater im Himmel preisen."

Wie ein Garten, in welchem tausend Blüten dem reinen Sonnenstrahl ihre Reize entfalten; wie der klare Himmel, an dem unzählige Sterne in keuschem Glanze funkeln: so ist ein reines Gemüt, in welchem alle Keime des Göttlichen in der Menschennatur zu ihrer Entwicklung kommen. Da glüht die feurige Sehnsucht der Wahrheit entgegen und öffnet sich begierig jedem Strahl des ewigen

Lichtes; da umfaßt die keusche Liebe alles, was dem Urquell des Schönen und Heiligen entstammt; lautere Tugend bringt die Gedanken Gottes zum Ausdruck; sanfte Sitte verklärt Wort und That, und unvergängliche Freude durchleuchtet jedwedes Denken und Empfinden.

Ich bete an und preise den Ratschluß der göttlichen Liebe, welche sich also im endlichen Geiste hat offenbaren wollen. Ein wunderbares Geheimnis, das Leben und Weben eines reinen Herzens! Es neigt sich der Himmel strahlend zur Erde nieder, und lichte Sonne spiegelt sich im klaren Tropfen des Morgentaues. Da ist kein Widerstreit zwischen Natur und Gebot, zwischen Wollen und Sollen. Das Herz will, was es soll, und begehrt nichts anderes, als wozu es sein Schöpfer bestimmt hat. Und was es begehrt, findet es, und umfaßt es mit ganzer voller Liebe; denn der Genuß wird ihm nicht vergiftet durch den Vorwurf des Gewissens, und es muß nicht zögernd inmitten seiner Bahn einhalten, zurückgezogen durch den Ruf der Wahrheit. Vorwärts schreitet es auf geseg=
netem Pfade. Immer gewaltiger erschließen sich vor ihm die ewigen Gedanken Gottes, und durchwehen es mit seliger Andacht. Immer reicher brechen die in ihm verborgenen Kräfte hervor; in beglückender Erfahrung lernt es sich selbst verstehn, und in sich den Unendlichen, nach dessen Bild es geschaffen; und klingt in reiner, schöner Harmonie zusammen mit dem Einen und Ewigen, welcher ist alles in allem.

Gott, wie wunderbar bist du in der Fülle deiner Herrlichkeit! Leben strömt von dir aus, Freude ist das Wehen

deines Geistes. Selig, wer in deinem Lichte wandelt!
Laß auch mich mit anbeten unter denen, die sich vor dir
freuen. Mein Herz ist offen: blicke herein mit deinem
Glanze, verkläre meine Gedanken und mein Leben.
Offenbare dich mir in der Schönheit geheiligter Seelen;
führe meinen Weg zusammen mit solchen, die dich lieben,
damit unsere Liebe entbrenne zu hellerer Flamme. Sie
sind dein, die Kinder der Wahrheit, und verkündigen der
Welt, daß du der einzig Gute bist, und wir das Leben
in dir haben. Laß mich zu ihnen gehören, und teilhaben
an ihrem Frieden, und mitwirken in dem gesegneten
Beruf, den du ihnen anvertraut hast. Dann wird mir
die Erde schon ein Himmelsraum, und mein irdisches
Dasein ein Stück ewigen Lebens sein.

Von Gottes Gnade bin ich, was ich bin.

„Was hast du, das du nicht empfangen hast? So du
es aber empfangen hast, was rühmst du dich denn, als
der es nicht empfangen hätte?"

Ein Menschenleben — was schließt es doch alles in
sich! Welche Fülle von Freuden und Leiden, von Hoffen
und Streben, Enttäuschungen und Errungenschaften! Ich
habe es gekostet. Ich habe gelacht und geweint, gehofft
und gestrebt, habe so manche Hoffnung begraben, aber
auch, das bekenne ich mit Freuden, so manches erreicht.
Ja, mein Leben war nicht umsonst. Durch mancherlei
Wechselfälle und Schicksale bin ich fortgeschritten und

vorwärts gekommen. So manche Erfahrung und liebe
Erinnerung nenne ich mein; klarer ist mein Geist geworden,
und weiter mein Blick; teuer ist mir mein Beruf und gesegnet
meine Thätigkeit. Manches kostbare Gut ist mir zuteil
geworden, und manche Quelle der Freude hat sich mir
erschlossen. Und weiter schreite ich auf diesem Wege, will
noch weiter streben, habe noch vieles vor mir, das ich
erreichen möchte.

Aber was ist es denn zuletzt alles? Habe ich auch
sicher, was ich habe? Ist's auch mein, was ich mein
nenne? Ist's nicht etwa alles Eitelkeit, Täuschung? Ich
wirke und arbeite: ist's auch der Mühe wert? Ich ringe
und strebe: ist's nicht zuletzt ein kindisches Spiel? Ich
lebe: was ist denn meines Lebens Bedeutung?

Geh' diesen Fragen nicht aus dem Wege. Forsche
nach, ob du die rechte Antwort darauf hast. Es giebt
nur eine Antwort, welche das Dunkel dieser Gedanken in
freundliche Klarheit wandelt. Sie heißt: Ich bin nicht
mein, sondern Gottes Eigentum.

Für dich allein bist du nichts; und ein hohles, leeres
Nichts ist dein Leben, wenn es auf keinem anderen Grunde
ruht, als auf sich selber. Dann ist's Eitelkeit, was du
thust, und Täuschung, was du genießest; und zerrinnt dir
unter den Händen, wenn du seiner gewiß werden willst,
und verschwindet in Nichts, wenn du deine Augen
aufthust.

Nicht mein bin ich, sondern dein Werk und Eigentum,
du ewiger, einiger Lebensquell, dem alles entspringt.
Aus dir nehme ich mein Leben, und fühle mich als einen

Gedanken deines Geistes. Durch dich bin ich, was ich bin; du hast mich emporgehoben, geleitet und vorwärts gebracht bis zu dieser Stunde. Es war nicht Zufall, nicht das Werk meiner Kraft. Du hast es gethan; darum habe ich frohen Mut, und weiß, daß das Gebäude meines Lebens auf festem, unvergänglichem Grunde ruht. Du hast mir gegeben, was ich mein nenne; aus deiner Hand nehme ich es, und werde seiner froh und gewiß. In deinem Dienste wirke ich auf Erden; was ich Gutes erstrebe und thue, geschieht in deinem Namen, und dir bleibe es empfohlen, was du daraus machen willst. So thue ich mein Werk mit Freuden, und achte nichts für verloren, was ich nach deinem Willen vollbringe. Und mit Freuden will ich fortschreiten auf dieser Bahn, dein im Leben und im Sterben, in Zeit und Ewigkeit.

Ewiger, barmherziger Gott, von deiner Gnade will ich rühmen, so lange ich bin. Von deiner Gnade will ich leben, und nichts für mich selbst sein. Alles durch dich und alles in dir! Was ich bin und habe, als dein Geschenk nehme ich es, täglich wieder aufs neue, täglich mit neuem Dank und neuer Freude. Bei allem, was ich thue, will ich daran denken, daß ich es thue durch dich, damit es auch in dir gethan sei. Alle meine Gedanken und Empfindungen gehören dir. Nur im Zusammenhang mit dir will ich meines Lebens Bedeutung verstehn, und mich fühlen als dein Werk, in welchem du deine Herrlichkeit offenbaren willst.

Es ist etwas Großes um einen treuen Haushalter.

"Alles was ihr thut, das thut von Herzen, als dem Herrn, und nicht den Menschen. Und dient einander, ein jeglicher mit der Gabe, die er empfangen hat, als die guten Haushalter der mancherlei Gnade Gottes."

Gott hat mich an den Platz im Leben gestellt, da ich stehe, und zu mir gesagt: Hier diene mir, und arbeite mit dem, was ich dir anvertraut habe. So will ich meinen Beruf ansehen, und mich durch nichts irre machen lassen.

Ich will mich meines Standes freuen, und mit Lust und Liebe thun, was darin von mir gefordert wird. Ob hoch oder niedrig, es ist alles nur vergleichsweise. Niedrig sind wir alle vor Gott, und all unser Thun ist zum Verschwinden unbedeutend in seinem unendlichen Haushalt. Aber hoch ist ein jeder, der an seiner Stelle sich als einen Diener des Höchsten fühlt und in seinem Namen sein Werk vollführt.

Ich will nicht mir selbst leben. Das ist ein trauriges Dasein, das der Mensch um seinetwillen führt, da er nichts Höheres kennt, als für sich zu sorgen und sein Wohlbefinden zu mehren. Ich will auch nicht um eines Menschen willen leben, daß ich, ihm zu gefallen, zu meiner höchsten Aufgabe, und seinen Willen zum obersten Gebot mache. Dem Allerhöchsten, dem Heiligen und Guten, stelle ich mich zu Dienst, und thue alles vor seinen Augen.

Jede Pflicht, und wenn sie die unbedeutendste wäre, jedes redliche Bestreben wird mir heilig und wichtig, wenn ich darin seinen Befehl vernehme, und mich in Übereinstimmung mit seinem Willen weiß. Das giebt meinem ganzen Leben seine Weihe, und schafft in mir den frischen Sinn, der freudig und ungebrochen wirkt, so lange es Tag ist.

Ich will nichts Höheres und Köstlicheres wissen, als daß ich treu erfunden werde. Gott kennt mich, und weiß, was er mir gegeben hat, und was er von mir fordern kann. Er wird einst Rechenschaft von mir verlangen, wie ich seine Gabe angewendet habe. Er wird nicht urteilen, wie die Menschen, nach dem Schein; er wird darnach fragen, wie ich's gemeint, wie ich meinen Beruf aufgefaßt und ausgefüllt habe. Die Treue sucht er an mir, die Treue im Kleinsten ist vor ihm wert gehalten.

Reicher Gott, du Herr meines Lebens, du gabst mir alles; ich will nicht undankbar mich von dir wenden, und im Dienste eines fremden Herrn von deinen Gütern leben. Dir diene ich, und will dir dienen bis an meinen Tod. Erwecke in meinem Herzen die rechte Freudigkeit, damit ich nie matt und träge, überdrüssig und teilnahmlos durchs Leben schleiche, sondern stets mit Eifer und Begeisterung thue, was du von mir forderst in meinem Beruf. Heilige jede Stunde meines Daseins durch den Gedanken, daß ich durch deinen Willen lebe, und in deinem Auftrage wirke. Und laß mich es nie vergessen, daß ich dir einmal Rechenschaft geben muß von allem, was ich gethan habe. Erinnere mich bald, wenn ich gedankenlos werde, und wenn's durch harte Schläge wäre. Erinnere mich an meine Pflicht, und mahne mich an die Treue, die ich dir gelobt habe. Ich gelobe sie aufs neue; ich will es für das höchste Ziel meines Strebens ansehen, daß ich ein frommer und getreuer Knecht sei, treu über das wenige, das mir befohlen ist, damit du mir bereinst auch ein mehreres anvertrauen könnest.

Wir sind eines Leibes Glieder.

„Gleich wie wir in einem Leibe viele Glieder haben, aber nicht alle Glieder einerlei Geschäfte haben; also sind wir viele ein Leib, aber untereinander ist einer des andern Glied."

Keine rechtschaffene Thätigkeit soll gering angesehn, kein redlicher Beruf verachtet werden. Die Blume fällt mehr in die Augen, als der Grashalm, aber im großen, weiten Wiesenteppich verschwinden beide dem Blicke des Überschauenden. Und doch besteht der Teppich, der das Auge entzückt, aus Halmen und Blumen, und jedes Pflänzlein steht an seiner Stelle, und füllt seinen Platz aus, und trägt seinen Teil zum Ganzen bei.

Sondre dich in deinen Gedanken nicht ab von dem Allgemeinen. Und was du schaffst in deinem Beruf, bringe es mit dem großen Ganzen in Zusammenhang. Wir fühlen uns gehoben, wenn wir das Bewußtsein haben, an einem großen Werke mitzuarbeiten, und mit andern ein erhabenes Ziel zu verfolgen.

Nur für sich zu leben und um seinetwillen zu arbeiten, macht das Herz tot und matt. Einsam streben und allein seine Bahn wandeln, ist ein freudloses Beginnen. Wie anders regt sich der Mut bei dem Gedanken, für geliebte Menschen sich zu bemühen, und für das Wohl der Seinen thätig zu sein.

Doch bleibe nicht dabei stehen: bringe auch deine Familie in Zusammenhang mit dem Ganzen. Erweitere deinen Sinn, fühle dich als Bürger deiner Gemeinde, in der du mit deinem Hause einen Platz auszufüllen und zum allgemeinen Wohl beizutragen hast. In den Familien hat die Gemeinde die Wurzeln ihrer Wohlfahrt, von der Thätigkeit der Glieder hängt das Gedeihen des Ganzen ab.

Und noch weiter sollst du schauen. Du arbeitest mit an der Aufgabe deines Volkes, ja der ganzen Menschheit. Unzählig sind die Thätigkeiten der einzelnen, und verschwinden für sich allein in der Menge. Aber sie gehören alle zusammen, und bilden in ihrer Vereinigung das fortschreitende, reiche Leben der Menschheit, in welchem von Geschlecht zu Geschlecht die großen Gedanken Gottes sich wunderbar herrlich verwirklichen. Darin bist auch du mit eingeschlossen, und was du wirkst im redlichen Beruf, was du in dir und um dich her schaffst, ist ein Baustein zu diesem erhabenen Gottestempel.

Ja, wenn du es zu denken vermagst, so steht auch die Menschheit nicht für sich allein da, sondern ist ein Glied der unendlichen Welt, und befindet sich mit ihr gewiß in demselben schönen Zusammenhang, den wir überall wahrnehmen, so weit unsere Erkenntnis reicht.

Und wenn sie in sich die Anlagen ausbildet, die Gott in sie hineingelegt hat, so trägt sie ihren Teil mit bei zu dem Zweck der Schöpfung, der freilich weit über unser jetziges Verständnis hinaus liegt.

Welch ein weiter Blick eröffnet sich mir hier! Ich lebe und wirke zwar als unendlich kleiner Teil, aber doch als lebendiges Glied in einem wunderbaren, zu einem unaussprechlichen Ziele strebenden Ganzen, das von dem Geist Gottes durchdrungen und bewegt wird. Als solches will ich mich fühlen, will meinen Beruf mit Freuden erfüllen, und mein Leben mit dem Bewußtsein führen, daß es nicht vergeblich ist.

Großer, unergründlicher Gott, du weißt, was du mit uns und mit der ganzen Welt vorhast; du weißt auch, warum du mich an diese Stelle gesetzt, und zu welchem Werke du mich erkoren hast. Ich will gerne und freudig thun, was ich in meinem Berufe als deinen Willen erkenne. Ich überlasse dir das Gelingen; ich will meine Pflicht erfüllen in der Gewißheit, daß nichts umsonst ist, was nach deinem Befehl gethan wird. Laß meinen Mut nicht sinken; erhalte in mir eine feurige Liebe für alles Gute und ein freudiges Hoffen auf die Zukunft, welche die Herrlichkeit deines Ratschlusses immer heller ans Licht bringen wird. Mache mich dessen gewiß, daß ich auf rechtem Wege bin, und laß mich den Segen erfahren, welchen du verheißen hast denen, die in deinen Bahnen wandeln.

Mit stillem Wesen arbeiten.

„Ringet darnach, daß ihr stille seid, und das Eure schaffet, und arbeitet mit euren eigenen Händen, auf daß ihr ehrbarlich wandelt, und niemandes bedürfet."

Was machen die Menschen doch so gern viel Redens von sich! Einer drängt sich vor den andern, man ist bemüht, sich einen Schein zu geben und die Aufmerksamkeit auf sich zu lenken, und vergeudet damit viel edle Zeit. Viel lieber ist mir's, verborgen zu bleiben, ohne Geräusch freudig zu schaffen, und nach Kräften zu wirken, mit dem Bewußtsein, etwas zu sein, und nicht nur zu scheinen. Wen Gott an einen Platz gestellt hat, wo er von vielen gesehn wird, mag den Blicken sich aussetzen, nicht um seinetwillen, sondern um seines Berufs willen. Er hat schwer genug an dieser Pflicht zu tragen, ich beneide ihn nicht. Es ist nicht leicht, im Geräusch der Welt seinen geraden Weg zu gehn, und die Augen unverrückt auf ein gutes Ziel gerichtet zu halten. Der Lärm verwirrt die Sinne, die Eindrücke von rechts und links zerstreuen die Gedanken, die Zeit verrinnt, und man schafft nichts. Man füllt den Geist mit Eitelkeiten an, man zersplittert seine Kräfte in einer Menge unnützer Thätigkeiten, man bildet sich ein, viel zu thun, und thut doch nichts. Solch Treiben läßt das Herz leer, und gewährt nichts von der Befriedigung einer tüchtigen treuen Arbeit.

Wie dankbar bin ich dem Höchsten für meine Arbeit! Wahrhaftig, sie ist mir eine reiche Segensquelle, ein

Band der Gemeinschaft mit dem schaffenden Gott. Indem ich schaffe, werde ich meines Lebens mir bewußt und lerne die Kräfte kennen, die Gott mir gegeben, und entfalte mein ganzes Wesen zu fröhlichem Wachstum. Indem ich schaffe, fühle ich mich als lebendiges Glied an einem großen Ganzen, und wirke an meinem Teile mit an dem Werke der Menschheit. Meine Arbeit ist meine Freude. Sie zieht mich nicht ab von dem Bewußtsein meiner ewigen Bestimmung, sondern sie erhält mich darin, macht mein Auge klar und meinen Mut froh, um aufwärts zu schauen, zu dem, dessen Bild ich in mir trage. Sie weist mir meinen Platz an unter meinen Mitmenschen, und begründet mir Selbständigkeit, Freiheit und Ehre. Sie gewährt mehr Genuß, als alle Güter der Welt, und erzeugt eine tiefere Befriedigung, als alle blendenden Freuden. Ich bitte Gott inständig, mir meine Arbeit zu lassen und meine Kräfte zu erhalten. Mein Dank aber sei ein fröhliches Schaffen vor seinem Angesicht, eine treue Pflicht=erfüllung nicht um der Menschen, sondern um der Wahrheit willen.

Herr mein Gott, du Schöpfer aller Dinge, ich danke dir, daß du mich nach deinem Bilde gemacht, und den schaffenden Trieb in mich gelegt hast, durch den ich selbstbewußt wirke nach deinem Willen. Ich danke dir für die Kraft, die du mir gegeben zu meiner Arbeit, für alle Freude, die du mir in derselben bereitet, für allen Erfolg, den du mir hast zuteil werden lassen. Erhalte mir diese Gnade; bewahre mich vor Schwachheit, Un=tüchtigkeit und Müßiggang. Mache meine Lust und meine

Kraft mit jedem Tage neu, und laß mich unverdrossen dem Ziele nachstreben, das ich vor mir habe. Bewahre mich aber auch vor dem haftigen, sinnlosen Treiben, das den Geist verwirrt und die irdischen Geschäfte zu einer Flut macht, die über dem Haupte zusammenschlägt und alles verschlingt. Meine Arbeit sei ein Gottesdienst, ein Band, das mich mit dir verbindet, eine Übung in der Tugend, ein Dank, der von Herzen kommt. So wird mein Leben gesegnet sein, und ich werde am Ende mit Dank gegen dich darauf zurückschauen können, weil es nicht umsonst gewesen, sondern reich an Segen und Freude, ohne Widerspruch mit sich selbst, eine Erfüllung deiner ewigen Gesetze.

Niemand lebt davon, daß er viele Güter hat.

„Es ist ein großer Gewinn, wer gottselig ist und läßt sich genügen. Denn wir haben nichts mit in die Welt gebracht, darum offenbar ist, wir werden auch nichts hinausbringen. Wenn wir aber Nahrung und Kleider haben, so lasset uns begnügen. Denn die da reich werden wollen, fallen in Versuchung und Stricke, und viele thörichte und schädliche Lüste, welche versenken den Menschen in Verderben und Verdammnis; denn Geiz ist eine Wurzel alles Übels."

Man sagt mir, die Güter der Welt seien kostbar und es sei schön, reich zu sein, und alles sich verschaffen zu können, was das Herz wünsche. Und ich sehe viele jagen nach diesem Glück, und sie fordern mich auf, ihnen zu folgen. Sie eilen dahin in fieberhafter Hast, der Ausdruck ihres Gesichts ist leidenschaftliche Erregung, krampfhafte Anstrengung spannt ihre Glieder, sie gönnen sich keine Ruhe. Sie raffen zusammen, was sie erlangen, und eilen nur noch schneller dahin, keuchend unter ihrer Last.

Wann werdet ihr denn nun glücklich sein? Wann werdet ihr zur Ruhe kommen, und eurer Güter froh werden? — Siehe, etliche halten ein und sagen: Nun haben wir genug, nun wollen wir's genießen. Sie tauschen ihr Gut um in Freuden und Genüsse, und schwelgen. Aber sie bleiben, wie sie sind, ruhelos, freudlos. Leidenschaft bleibt der Ausdruck ihres Gesichts, krampfhafte Hast ihre Bewegung. Die Lust, die sie mit ihrem Reichtum erkaufen, füllt des Herzens Bedürfnis nicht aus. Kaum ergriffen, erweckt sie den Überdruß, und wird wieder hinweggeworfen. Eine andere wird gesucht, aber sie täuscht nicht minder und trägt nur dazu bei, das Verlangen zu mehren. So sind sie aus einer Unruhe in die andere gekommen. Erst jagten sie nach Gütern, nun jagen sie nach Freuden. Sie gelangen nicht zum Frieden, und das Glück bleibt ihnen ewig fern. Und nun stehen sie am Ende, ihr Leben neigt sich zum Untergang, der Tod naht. Was war es denn jetzt, das ganze ruhelose Mühen und Drängen? Was ist das Ergebnis, der Gewinn? Alles umsonst. Die Schätze versinken, die Freuden zerrinnen, und was übrig bleibt, ist ein entsetzliches, bodenloses Nichts.

Ist das das Glück, um des willen ich euch folgen soll in eurem wilden, rastlosen Lauf? Nein, dazu überredet ihr mich nicht. Die Freude blüht auf anderm Boden. Im Herzen muß die Sonne scheinen, dann ist die ganze Welt im Lichte. Friede muß es sein in meiner Seele; denn wenn ich in mir selbst zerrissen bin, so geht der Riß durch alle meine Freuden, jede Empfindung ist gespalten. Ich will mich nicht betäuben, nicht in endloser Geschäftigkeit mir das Bewußtsein verwirren. Klar will ich sehen, mit sicherm Schritt durchs Leben schreiten, will die Bedeutung meines Lebens kennen, und wissen, wem ich angehöre. Darum soll mich niemand betrügen mit Vorspiegelungen eines Glückes, das nur Schein ist. Ich bleibe auf dem Wege, den mir Gott gewiesen hat; es ist der einzige, auf dem ich finden kann, was meine Seele sucht. Was ich thue, will ich thun in seinem Dienste; was ich genieße, will ich genießen in der Übereinstimmung meines Herzens mit ihm. Ich will nimmermehr glauben, etwas wirklich zu besitzen, so lange ich es nicht besitze als seine Gabe, und mich nicht freuen kann wie das Kind, das ein= und ausgeht im Hause seines Vaters.

Mein Vater im Himmel, du bist reich und hast des Guten die Fülle, und vor dir ist Freude und Seligkeit ohne Aufhören. Laß mich doch das recht erkennen, daß ich nicht von dir mich wende und der Eitelkeit nachjage. Laß mich nicht meinen schönsten Reichtum wegwerfen, um bei dem Vergänglichen unwürdige Nahrung mir zu erbetteln. Es giebt so viele trügerische Mächte, in deren Dienst unzählige ein elendes Leben führen. Laß mich nicht ihnen zur Beute werden. Du allein sei mein Herr, so frage ich nicht nach eitlen Dingen, sondern habe, was mein Herz begehrt, und danke dir, daß du mir das beste Teil gegeben, und unvergängliche Freude mir beschert hast.

Die Liebe ist von Gott.

„Lasset uns einander lieb haben; denn die Liebe ist von Gott, und wer lieb hat, der ist von Gott geboren, und kennet Gott."

Wunderbares Leben, das Leben der Liebe! Seliges Vergessen, wenn der Mensch sich selbst vergißt, und der tötenden Selbstsucht entsagt, damit er im andern lebe, und in ihm sich wieder finde! Gesegnetes Geben, wenn das Herz sich selbst hingiebt, und allen Besitz willig zur Gabe darbringt, damit es mitteilend sich seiner selbst bewußt, und opfernd seiner Güter froh werde! Beglückendes Mühen, wenn alle Gedanken, alle Kräfte von dem einen Triebe in Bewegung gesetzt werden, Freude zu bereiten und Glück zu schaffen! Die Liebe giebt dem Leben erst seinen Inhalt, und dem wirkenden Geiste das Bewußtsein eines Zweckes, für den er wirkt.

Und doch, wie empfindet gerade das liebende Herz so oft am schmerzlichsten die Unzulänglichkeit irdischen Daseins! Es ahnt des Lebens Kern, und sieht sich doch nur an der Schale hängen. Es richtet den Blick hinauf in himmlische Höhen, und entsetzt sich über sich selbst, daß es doch nur am Boden klebt. Es hat ein Bewußtsein von der Schönheit des Reinen und Heiligen, und fühlt um so tiefer seine Unwürdigkeit. Es ruft aus im Drang der Sehnsucht: Ewig laß mich leben und lieben! — und siehe, mit erdrückender Last wird es überfallen von dem Gedanken an die Flüchtigkeit seines Daseins.

Soll ich meine heiligsten Empfindungen mir vergiften lassen von der Wahrnehmung meiner Nichtigkeit? Soll ich hinschwanken zwischen Freude und Schmerz, zwischen der Lust des höchsten Lebens und der Verzweiflung an mir selbst? — Verstehe dich besser, mein Herz, lerne deine reinsten Gefühle, lerne dein Lieben begreifen als das Band, welches dich mit Gott, mit dem Leben und der ewigen Wahrheit verknüpft. Zu ihm treibt es dich hin; ohne ihn ist es eine Sehnsucht, die sich selbst verzehrt. Gott ist die Liebe; und weil er's ist, und weil die Liebe Wahrheit, und dein Leben ein Gedanke dieser Liebe ist, darum kannst du lieben, und kommst in der Liebe zum Bewußtsein deiner selbst. Darum laß dich nicht irre machen, folge dem Drange, der dich belebt, und wisse: was das liebende Herz sucht und ahnt, das ist ewige unvergängliche Wahrheit, und täuscht den nicht, der gläubig sich ihm hingiebt.

Unendlicher Gott, dessen Geist die Welt durchdringt und alles Leben schafft, ich sehe dich nicht, und vermag dich nicht zu fassen. Aber all mein Denken und Empfinden ist das Wehen deines Geistes, und wenn ich meiner mir bewußt werde, fühle ich mich ergriffen von dir, und finde mich atmend an deinem Herzen. Du bist die Liebe, und ich danke dir, daß du mich nach deinem Bilde geschaffen hast zu einem Leben in der Liebe. Laß mich lieben, und liebend meines Lebens gewiß werden. Mache mich frei von allen Fesseln, welche diese göttliche Kraft in mir einschränken, von aller Selbstsucht, Stumpfheit und Trägheit des Geistes, und von unreinen Begierden, welche auch das Heiligste verderben. Alles, was mein Herz bewegt, sei offen vor dir, und entfalte sich im Strahle deines Lichtes. Führe mich immer tiefer ein in die reine, selbstlose Liebe, damit mich die Liebe immer mehr zu dir führe, und mein Geist emporwachse zu immer vollerem Leben.

Die Liebe ist des Gesetzes Erfüllung.

„Die Liebe ist langmütig und freundlich, die Liebe eifert nicht, die Liebe treibt nicht Übermut, sie blähet sich nicht, sie thut nichts Ungeziemendes, sie sucht nicht das Ihre, sie läßt sich nicht erbittern, sie trägt das Böse nicht nach; sie freuet sich nicht der Ungerechtigkeit, sie freuet sich aber der Wahrheit; sie verträgt alles, sie glaubt alles, sie hofft alles, sie duldet alles."

O, daß sie mich durchdringen möchte, die himmelentsprossene Kraft, welche stärker ist, als alle Gewalt der Elemente, und sanfter, als der Hauch des Frühlings, die Leben weckende Liebe! Alles Wissen übertrifft sie an Klarheit; sie birgt größeren Reichtum, als alle Schätze der Erde; und wenn die Mächte der Welt in Ohnmacht zusammensinken, steht sie da in ewiggleicher Kraft und Schönheit.

Die Liebe lehrt den, der auf ihre Stimme lauscht, und leitet ihn den rechten Weg, daß er nicht irre geht. Der

Rat der Weisen trügt, die Erkenntnis der Verständigen läßt im Dunkel, aber ein treues, liebevolles Gemüt ergreift das Rechte mit sicherm Gefühl, und schreitet leicht durch die verworrenen Pfade hindurch dem Ziel entgegen. Die Leidenschaft verblendet den Sinn, die Begierde treibt mit hartem Gebot ihren Knecht auf unheilvoller Bahn, das selbstsüchtige Verlangen stürzt in einen Strudel von Qualen und Täuschungen: aber die reine, selbstverleugnende Liebe macht den Geist klar und frei, zerstreut vor ihm das Dunstgewölk, und offenbart ihm des Lebens wahren Sinn.

Verbanne nur die Selbstsucht aus deinem Herzen samt ihrer giftigen Brut, und laß die Liebe wie einen frischen Lebenshauch deine ganze Natur durchbringen: so werden mit einem Male alle deine Kräfte erneuert, deine Gedanken verwandelt, und dein Thun auf das rechte Ziel gerichtet werden. Es wird dir leicht werden, zu vollbringen, was du vorbem kaum zu denken wagtest. Ganz wie von selbst wirst du heben und tragen, was dir sonst als unüberwindliche Last erschien; und wo du nur traurige Mühe sahest, wirst du freudebringende Thätigkeit und fröhliches Bewegen erkennen. Du wirst ausüben, was du nicht gelernt hattest; guter Rat wird von dir ausgehn, als wäre er dir von oben eingegeben; Trost wirst du spenden, wie von Gott erleuchtet, und Hilfe leisten, von ungeahnter Kraft gestärkt. Holdselig wird deine Rede sein ohne Kunst, und die Herzen erquicken. Ohne Absicht wird dein ganzes Benehmen das Maß der Schönheit halten, und jedermann wohlthun. Die Pfeile des Hasses werden ohnmächtig an dir niederfallen, Streit und Hader wird verstummen, wo dein milder Geist versöhnend dazwischen tritt. Du wirst den Leidenschaften gebieten, so werden sie besänftigt sich legen. Vergeben und Verzeihen wird dir ein Trieb der Natur, und deine Sanftmut wird deine Feinde entwaffnen. Du wirst dein eigenes Leid vergessen in Teilnahme und Mitgefühl, und dein Ungemach nicht mehr vergrößern, indem du es zum Mittelpunkt deiner Gedanken machst. Aber eine Fülle der reinsten Freuden wird dir erblühn, indem du dich freust an fremdem Glück, und deine Lust hast an allem, was gut ist und das Wohl der Menschheit fördert. Du wirst die Welt nicht messen nach deinem Bedürfnis und kleinlichen Behagen; groß wird dein Herz werden, und glühen für das Heil deiner Mitmenschen. Immer reicher und schöner wird dein Leben sich gestalten, und alle Anlagen und Kräfte deiner Natur werden sich wunderbar entwickeln zum Bilde des Vollkommenen, der die Liebe ist.

Vater des Lichts und der Liebe, bilde mich nach dir, und mache mein Leben zum schönen Ausdruck der reinen Liebe. Erwecke in mir einen rechten Abscheu vor aller Selbstsucht, und verbittere mir alle Gedanken und Bestrebungen des Eigennutzes. Laß mich, so lange ich noch das Meine suche, recht schmerzlich das Elend und die Armseligkeit solcher Gesinnung erfahren, daß ich nicht zur Ruhe komme, bis ich durch die Liebe ein neues Leben gefunden habe. Laß mich nicht verderben im dumpfen Kerker meiner kleinlichen Sorgen und engherzigen Gedanken; öffne meinen Geist für die Welt, in die du mich gestellt hast; gieb mir Gelegenheit, zu wirken und wohlzuthun, daß ich erfahre, was des Menschenherzens würdig ist und sein Verlangen stillt. Du hast mich ja geschaffen zum Lieben; vollführe dein Werk, das du in mir angefangen, vollende in mir dein Bild, dessen Grundzüge du so unauslöschlich mir eingeprägt hast.

Seht darauf, daß nicht eine bittere Wurzel aufwachse.

"Alle Bitterkeit und Grimm und Zorn und Geschrei und Lästerung sei ferne von euch, samt aller Bosheit. Seid aber unter einander freundlich, herzlich. Einer vertrage den andern, und vergebet euch unter einander. Haltet euch nicht selbst für klug. Nichts thut um Zanks oder eitler Ehre willen, sondern in Demut achte einer den andern höher, als sich selbst. Und ein jeglicher sehe nicht auf das Seine, sondern auf das, das des andern ist."

Unser Leben ist kurz und hat der Unvollkommenheiten genug: warum verbittern wir's uns denn noch durch eigene Schuld? Wir tragen so manche schwere Last: warum bürden wir uns noch schwerere auf? Gott hat uns auf einander angewiesen, und wir könnten durch Liebe, und einträchtiges Zusammenwirken viel Ungemach beseitigen, und unser Dasein mit Himmelsblüten schmücken. Aber wir füllen einander den Kelch der Schmerzen, und hegen unter uns viel giftige Pflanzen, die uns Früchte des Todes tragen. O, unbegreifliche Thorheit!

Ich will mein Leben prüfen, und mein Herz fragen, ob ich frei davon bin.

Haft du einen Feind? Sieh, wie die Feindschaft dein Leben verbirbt! Denkst du an ihn, so regt sich ein bitteres Gefühl in deinem Herzen; siehst du ihn, so lodert der Haß empor. Fühlst du nicht, wie du darunter leidest? Die Bitterkeit und der Haß sind ein Gift in deiner Seele, und verdrängen die besseren Empfindungen. Während du ihnen nachhängst, kannst du nicht zum Himmel aufblicken, bist kein guter Mensch, und darum auch unglücklich. Dem andern geht es ebenso. Siehe da zwei Unglückliche, die in ihren eigenen Herzen wühlen! Das Leben bietet des Kampfes genug, der um der Wahrheit willen durchgefochten werden muß: wozu noch der persönliche Haber? Jener stärkt die sittliche Kraft, dieser zehrt am Mark des Lebens. Reiße sie aus, die giftige Wurzel. Reinige dein Herz von Haß, Verbitterung, Grimm und Rache. Und siehe zu, daß du auch das Herz deines Feindes davon befreiest durch Liebe, Sanftmut, Freundlichkeit und Gedulb. Die Liebe ist stark und überwindet alles.

Stehst du unter dem Bann der Selbstsucht? Denkst nur an dich, und lässest die Welt sich drehen um deine Person? Das ist der Tod alles wahren Glückes. Kein freudloseres, armseligeres Leben, als dieses. Ein bodenloser Abgrund ist das Ich, und verschlingt eine ganze Welt von Anstrengungen, Freuden und Gütern, ohne sich zu füllen. Das Feuer der Selbstsucht frißt nach außen, und zerstört das Glück aller, die sich in deiner Nähe angebaut haben; und frißt in dich hinein, und vernichtet das ganze Leben deiner Seele, bis eine öde Trümmerstätte übrig ist. Du kannst nicht streng genug sein, dein Herz immer und immer wieder zu prüfen. So leicht und unvermerkt bildet sich eine giftige Wurzel aus, und wächst auf, sich dir verbergend, bis du mit Schrecken ihrer gewahr wirst. Es denkt mancher bei allen seinen Handlungen nur an sich, und redet sich dabei ein, er sei uneigennützig. Und mancher ist unruhig bei seines Nächsten Glück, und meint doch ganz frei vom Neide zu sein. Ja, mancher sonnt sich im Bewußtsein seiner Menschenliebe, und könnte sich's doch von jedem sagen lassen, daß mit ihm nicht auszukommen sei um seines Eigensinns und seiner Launen willen. Täusche dich nicht!

Bist du hochmütig? Sieh, wie du dir und deinem Nächsten um nichts das Leben verbitterst! Sitzest in stolzer Einbildung auf einsamer Höhe und schaust auf deine Mitmenschen herab. Könntest so manchen erfreuen mit liebevollem Entgegenkommen; könntest von manchem etwas lernen, der besser ist, als du; könntest glücklicher sein durch herzliches, freundliches Einvernehmen. Aber alles Glück welkt dahin vor dem kalten Hauch deines Hochmutes, alles warme Leben fällt diesem Götzen zum Opfer. Laß den Feind nicht in dein Herz hinein. Er kommt so unvermerkt, unter schön klingenden Namen, als da sind: Selbstgefühl, Selbstachtung u. dgl.; aber er wächst von dem Mark deines Geistes, und erdrückt allgemach deine heiligsten Empfindungen. Hüte dich vor dem Anfang

O Herr, mein Herz ist offen vor dir. Laß dein Licht hereinleuchten, daß kein Verwüster sich darin verbergen könne. Kein Haß, keine Bitterkeit, kein Rachegefühl möge es vergiften; keine Selbstsucht, kein Neid, kein hoffärtiges

Wesen an des Lebens Wurzel nagen! Liebe, Sanftmut, Freundlichkeit, Demut erfülle meine Seele und durchwalte all mein Denken und Thun. Laß mich rein und unversehrt bleiben von dem Haber, der die Welt durchtobt, und bewahre mich vor den dunkeln Mächten, welche das Glück der Menschen mit unheimlichem Wirken zerstören. In deinem Lichte ist Heil und Frieden, reine Freude und wahres, fröhliches Leben. Laß mich im Lichte leben, daß nicht im Dunkel der Nacht die Feinde meiner Seele den Weg zu mir finden.

Richtet nicht.

"Richtet nicht, auf daß ihr nicht gerichtet werdet. Denn mit welcherlei Gericht ihr richtet, werdet ihr gerichtet werden; und mit welcherlei Maß ihr messet, wird euch gemessen werden."

Weißt du, was dazu gehört, um Richter über seinen Nächsten sein zu können?

Fürs erste mußt du vollkommen und ohne Tadel sein. Wehe dem, der seinen Bruder richtet, und selbst verwerflich ist. Sein Urteil fällt auf den Heuchler selbst zurück. Es ist auch nicht genug, daß du in dem Punkte, in welchem du deinen Nächsten verdammst, vorwurfsfrei bist, während du in anderen Beziehungen könntest von ihm verdammt werden. Thue dir nichts zu gute auf diese oder jene Tugend, welche dir vielleicht gar keine Mühe gemacht hat, weil dein Temperament oder deine Verhältnisse sie von selbst mit sich brachten. Fasse das Ganze ins Auge,

Inneres und Äußeres, Herz und Wandel; vergleiche das, was du bist, mit dem, was du sein sollst und sein könntest; und dann sieh zu, ob du noch auf deinen Bruder einen Stein werfen dürfest.

Fürs zweite mußt du, um zu richten, alles wissen. Denn du urteilest nicht nur über die äußere That, sondern über den Menschen selbst, über seinen Wert und seine Gesinnung. Weißt du, wie er's gemeint hat? Überschaust du alle Fäden des innern Zusammenhangs? Ist dir bekannt, auf welchem Wege er dazu gekommen ist, wie viel Anteil er selbst, wie viel die äußeren Umstände haben? Das alles mußt du wissen, um den Wert eines Menschen und seiner Handlungen richtig zu bemessen. Willst du noch verdammen? Ach, wie würdest du vielleicht dastehen, wenn du die Natur, die Erziehung, die Schicksale dessen gehabt hättest, den du verachtest!

Darum ist das Richten ein großer Unverstand. Ein kurzsichtiger Sterblicher setzt sich an die Stelle des Allwissenden, und maßt sich an, wozu er nicht das Recht hat, und wovon er nichts versteht. Am frevelhaftesten ist das Richten über den Glauben seines Nächsten. Wie willst du urteilen über das, was sich am allermeisten deinen Blicken entzieht, über das innerste Leben der Seele? Du mußt dich an die Worte halten. Ach, was sind Worte, wo ein Unaussprechliches zu Grunde liegt? Wir reden, so gut wir's verstehn, und suchen das, was geheimnisvoll den Mittelpunkt unseres Wesens bewegt, auszudrücken, so gut wir's vermögen: aber es ist alles doch nur kindisches Stammeln, und je reiner und mächtiger das Leben des

Glaubens in uns quillt, desto weniger reichen Vorstellungen und Worte zu, um es einzufassen. Es giebt ein Wort, das sollst du wohl überlegen, und auf der Gewissenswage wägen, ehe du es deinem Bruder entgegen schleuderst. Das ist das Wort „Unglaube." Über wen willst du dies Todesurteil aussprechen, daß er den Zusammenhang zwischen sich und dem Wahren und Guten gelöst habe? Es dürfte mancher, dessen Vorstellungsweise dir wie eine Verneinung der Religion vorkommt, mehr Liebe zur Wahrheit und Gerechtigkeit, also mehr wirklichen Zusammenhang mit Gott, dem ewig Wahren und Guten, mehr Leben des Glaubens haben, als du. Und wenn er dieses Zusammenhangs sich nicht bewußt wäre, wenn seine Vorstellung allzuweit hinter dem Leben in ihm zurückbliebe, dürftest du über ihn den Stab brechen? Du würdest ihn über dich brechen: um Gottes willen, hüte dich!

Warum willst du richten? Macht bir's Freude? Siehst du deinen Nächsten gern in der Gestalt des armen Sünders? Willst du dir schmeicheln mit dem Bewußtsein, besser zu sein, als andere Leute? Oder willst du den Blick wegwenden von deinen Sünden auf fremde Schäden? Sieh, welch eine Schlangenbrut der Lieblosigkeit, des Hochmutes, der sittlichen Stumpfheit sich hinter diesem Richten verbirgt!

Oder meinst du, es sei die Liebe zur Wahrheit, der Haß gegen das Böse, was dich so streng macht? Prüfe es wohl! Es ist nichts herrlicher, als ein glühender Eifer für das Gute und Edle, eine flammende Begeisterung für die erhabensten Ziele der Menschheit. Bist du wirklich davon beseelt? Dann wirst du vor allem unerbittlich streng sein gegen dich selbst, unermüdlich, aufopfernd in der Verfolgung der höchsten Aufgaben, du wirst die Sünde hassen und bekämpfen, wo du ihr begegnest: aber mild, gerecht, liebevoll sein gegen die, welche mit dir unter den Verwüstungen derselben zu leiden haben. Ist dies dein Eifer für das Gute? O, täusche dich nicht; sei vorsichtig, daß du das Heilige nicht in den Schmutz einer ungöttlichen Leidenschaft ziehest!

Heiliger Gott, der du die Herzen erforschest, lehre mich doch meine Sünden und meine Armseligkeit recht erkennen, damit ich demütig, zurückhaltend, mild und nachsichtig werde gegen meinen Nächsten. Schärfe mir das Gewissen, und erwecke in mir ein zartes Gefühl der Gerechtigkeit, damit ich erschrecke vor jedem ungerechten Urteil, und jeder Gedanke, der eine Ähnlichkeit mit Heuchelei hat, mich beunruhige. Erfülle mein Herz mit warmer, aufrichtiger Liebe, daß ich den Schmerz, den ich meinem Nächsten zufüge, wie meinen eigenen empfinde, und wo ich strafen und kämpfen muß, es als ein Opfer fühle, das die Wahrheit von mir fordert. Du kennst mein Herz, und weißt, wie ich es meine. Vor dir werde ich Rechenschaft geben müssen von meinen verborgensten Gedanken. Wie kann ich vor dir bestehn? O präge es doch immer und immer wieder meinem Herzen ein, daß deine Gnade meine einzige Hoffnung ist. Deine Barmherzigkeit ist meine Zuflucht; wenn du nach Verdienst mir lohnen willst, so bin ich verloren. Wie sollte ich noch Freude haben an hartem, strengem Urteil? Laß mich stündlich der Rechenschaft gedenken, daß ich Milde und Demut lerne, und ein Grauen bekomme vor stolzem, lieblosem Sinn.

Die Sünde ist der Leute Verderben.

"Wohl dem, der nicht wandelt im Rat der Gottlosen, noch tritt auf den Weg der Sünder, noch sitzet, da die Spötter sitzen; sondern hat Lust zu dem Gesetz des Herrn, und denket daran Tag und Nacht. Der ist wie ein Baum, gepflanzet an Wasserbächen, der seine Frucht bringt zu seiner Zeit, und seine Blätter verwelken nicht; und was er macht, das gerät wohl. Aber so sind die Gottlosen nicht, sondern wie Spreu, die der Wind zerstreuet. Darum bestehn die Gottlosen nicht im Gericht, noch die Sünder in der Gemeinschaft der Gerechten. Denn der Herr kennt den Weg der Gerechten, aber der Gottlosen Weg vergehet."

Laß dich nicht irre machen, mein Herz, schlage deine Augen auf und siehe! Es ist so klar, was zu deinem Frieden dient, es kündigt sich dir allerwärts so unzweideutig an. Wohin du nur blickst, alles, alles bezeugt dir die eine, einfache, unveränderliche Wahrheit.

Wer sind die, die ihr Herz zum Kampfplatz, und die Welt zur Hölle machen? Es sind die, welche ihren Gott verlassen haben, und den Krieg führen gegen die ewigen Ordnungen. Sie zertrennen, was zusammen gehört, und tragen den zerstörenden Zwiespalt in alles Leben. Zerrissen ist ihr Herz, und schwankt wie ein wogendes Meer in widersprechenden Gefühlen. Die Begierde treibt sie fort, und läßt sie nicht ruhen. Sind sie aber am Ziel, so können sie sich nicht freuen, weil ihr Gewissen seufzt in seinem Kerker. Sie fühlen, daß das beste ihnen fehlt;

aber sie vermögen nicht einmal ihren Wunsch dahin zu erheben, weil sie die Freiheit der Gedanken verloren haben. Sie müssen immerdar ihre Augen richten auf Blendwerk, das die Lüge bereitet, damit sie die wirkliche Welt nicht sehen; und dürfen nicht zulassen, daß sie zur Selbstbesinnung kommen. Sie zerstreuen ihren Sinn, um dem Nachdenken zu entfliehen, und stürzen sich in ruhelose Bewegung, um vor sich selbst sich zu schützen. Denn sie sind ihre eignen Feinde. Und wohin sie ihre unheilvollen Schritte lenken, stiften sie Haber, Zwiespalt und Unseligkeit. Ihre Leidenschaft brennt schonunglos um sich, und zerstört, was sie findet, um sich zu nähren. Vor ihrer unheimlichen Nähe flieht der Friede, und jede reine Freude erstirbt. Sie schließen den Bund mit Gleichgesinnten, um einander zu verderben; aber die Unschuld ist ihnen wie ein Gift, und sie können es nicht ertragen, irgendwo das ungetrübte Glück des Gottesfriedens zu sehen. Sie verhöhnen das Gute, und treten das Heilige in den Staub. Und fühlen es wohl, daß sie sich selbst mit Füßen treten. Aber sie müssen es thun; denn sie streiten wider den, der sie geschaffen hat. Ein widernatürliches Beginnen.

Ist's möglich, daß ein Mensch also sein ganzes Dasein umzukehren vermag? Sieh an, mein Herz, dies traurige Bild, und fühle, wie elend eine Menschenseele sein kann. Und das alles aus eigener Schuld. Es ist nicht des Schöpfers Werk, es ist die That der Lüge, des finstersten Betrugs, des unseligsten Widerspruchs gegen die ewige Wahrheit. Zum Leben bist du geschaffen, zum Frieden, zum schönen Einklang mit deinem Schöpfer und seiner ganzen Schöpfung. In Gott hat dein Dasein seine Wurzeln. Laß es von da seine Nahrung nehmen, laß es mit seinem Geiste sich erfüllen, so wird es dir zum vollen, schönen, freudenreichen Leben werden. Alle deine Gedanken, Wünsche und Thaten werden zusammenstimmen untereinander und mit dem ewigen Willen, der die Welt beherrscht. Der Widerspruch wird verstummen vor der siegenden Wahrheit, die dunklen Schatten sich zerstreuen vor dem Lichte. Was du beginnst, wird den Segen in sich tragen, und du wirst erfahren, wie selig eine Menschenseele sein kann.

O Gott, du einzige Wahrheit, du einziges Leben, öffne mir die Augen, daß ich sehe, und nicht mich bethören lasse durch den Trug der Lüge. Zur Seligkeit rufst du mich, zu reinem, heiligem Leben. Ich folge dir; möge keine Stimme des Widerspruchs in meinem Herzen Wiederhall finden! Viel verworrene Töne schallen in der Welt durcheinander; Menschen mit unheimlichem Blick drängen sich an mich heran, und wollen mich glauben machen, es gebe keine Wahrheit und kein Leben, und alles sei ein trostloses Nichts. Ich erschrecke über den Gedanken. Aber ich hebe meine Augen auf zu dir, o Gott: so fühle ich, daß ich lebe, und meines Lebens Wurzeln in der ewigen Wahrheit habe. Und Freude und Zuversicht strömen ein in meine Seele. Erhalte mich bei dir, mach immer fester das Band, das mich mit dir verknüpft. Du bleibst, der du bist: laß mich bei dir bleiben, bewahre mich vor Zweifel, Unsicherheit und Sünde. Du hast mich gepflanzt, einen schwachen Keim in deinen Garten: laß mich nicht zertreten werden.

Herr, du erforscheſt mich und kenneſt mich.

„Herr, du erforscheſt mich und kenneſt mich. Ich ſitze oder ſtehe auf, ſo weißt du es; du verſtehſt meine Gedanken von ferne. Ich gehe oder liege, ſo biſt du um mich, und ſieheſt alle meine Wege. Denn ſiehe, es iſt kein Wort auf meiner Zunge, das du, Herr, nicht alles wiſſeſt.

Wo ſoll ich hingehn vor deinem Geiſt? Und wo ſoll ich hinfliehen vor deinem Angeſicht? Führe ich gen Himmel, ſo biſt du da. Bettete ich mir unter die Erde, ſiehe, ſo biſt du auch da. Nähme ich Flügel der Morgenröte, und ließe mich nieder am Ende des Meeres, ſo würde mich doch deine Hand daſelbſt führen, und deine Rechte mich halten. Spräche ich: Finſternis möge mich decken, und der Tag um mich Nacht werden; ſo wäre die Finſternis nicht finſter vor dir, die Nacht würde leuchten wie der Tag, Finſternis wie das Licht.

Erforſche mich, Gott, und erkenne mein Herz; prüfe mich, und erfahre, wie ich's meine. Und ſiehe, ob ich auf böſem Wege bin; und leite mich auf ewigem Wege."

Stelle dir vor, deines Herzens Gedanken würden plötzlich vor aller Welt offenbar: wie würde dir dabei? Wenn alle die Wünſche, Gefühle und Erwägungen, die dein Inneres bewegen, ans Licht gezogen, alle die Bilder, welche im Lauf des Tages vor deiner Seele vorübergehn, feſtgehalten, und denen, die dich kennen, aufgezeigt würden: was meinſt du dazu? Könnteſt du's ertragen?

Und doch ſieht dir der ins Herz, an dem dir mehr liegen müßte, als an allen Menſchen, und alle deine

Gedanken sind vor ihm offenbar. Warum vergißt du das so oft?

Es ist ein eitles Bemühen, seine Sünde vor den Menschen zu verstecken, und ein schlechter Trost, nicht von ihnen entdeckt zu sein. Was liegt mir an der ganzen Welt, da Gott mich kennet? — Ich will es ernst mit mir nehmen. Ich will streng gegen mich sein, und mir nicht verbergen, was in meinem Herzen vor den Augen der ewigen Wahrheit nicht bestehn kann. Ich will alle Täuschung hassen, und nicht ruhen, bis ich mich recht erkannt habe. Und wenn ich mich schämen muß vor dem heiligen Gott, und ihm in keinem Stücke etwas Rechtes und Vollkommenes darbieten kann, so will ich es ihm mit Scham und Reue gestehn. Aber verhüllen will ich's nicht. Es wird ja durch Schweigen nicht besser; die Flecken schwinden nicht, wenn ich meine Augen dagegen verschließe. Nur die Wahrheit kann mir helfen. Darum sei aufrichtig, meine Seele; du stehst vor dem allwissenden Gott. Jede Lüge fällt auf dich selbst zurück.

Heiliger, guter Gott, der du auch jetzt bei mir bist, und alle Gedanken meines Herzens kennst, mein Innerstes ist offen vor dir, die geheimsten Triebfedern meines Lebens sind dir nicht verborgen. Was soll ich sagen? Kann ich mich entschuldigen? Kann ich dich überreden, daß du mich günstiger beurteilest, als ich bin? Nein, jeder Gedanke der Art sei ferne von mir. Du bist die Wahrheit; und Wahrheit soll mein ganzes Leben sein. Das Bewußtsein meiner Schuld treibe mich in deine Arme, daß ich nur um so fester mich an dich anschließe, und nicht dulde, daß irgend etwas mich scheide von der Wahrheit. Keine Täuschung schläfre mich ein; keine Redensart umhülle mir die Wirklichkeit mit trügerischem Schein. Bewahre mich vor jedem Selbstbetrug, und laß mich nicht eher ruhen, als bis alle meine Gedanken gut sind, und mein Herz rein ist vor dir, ein Heiligtum, in dem du wohnest.

Gott sei mir Sünder gnädig.

„So wir sagen, wir haben keine Sünde, so verführen wir uns selbst, und die Wahrheit ist nicht in uns. So wir aber unsere Sünden bekennen, so ist Gott treu und gerecht, daß er uns die Sünde vergiebt, und reiniget uns von aller Untugend."

Ich will aufrichtig sein, und mich nicht täuschen über mich selbst. Ich will meine Schäden nicht zudecken, und nicht ein blendendes Gewand über meine Fehler werfen; denn sie gedeihen nirgends besser, als unter solchem Schatten. Ich will auch nicht daran denken, Gott zu täuschen. Kann ich der Luft entgehen, die mich umgiebt? Und wenn ich's thäte, kann ich leben? Es sei alles offen zwischen mir und ihm! Ich will ihm alle meine Sünden bekennen. Ich will ihm sagen, wie ich ihn gern lieben möchte, und wie wenig meine Liebe noch meinem Wunsche entspricht. Mit Thränen will ich vor ihm mein schwaches, mattes, umstricktes Herz enthüllen. Ich will es thun, damit ich mir selbst recht klar darüber werde, damit ich erkenne, was mir fehlt, und welchen weiten Weg ich noch vor mir habe. Ich will meine Armseligkeit nicht vor mir entschuldigen, sondern sie empfinden vor dem Herrn als ein Fernesein von ihm. Und meine Vergehungen will ich fühlen als Sünden, die ich wider meinen Gott gethan, und die Schuld nicht verleugnen, die ich täglich auf mich lade.

Ich tröste mich nicht damit, daß ich keiner groben Sünde mir bewußt bin; denn Gott hat mir sein Wort ins Herz geschrieben, daß ich vollkommen sein soll, gleich ihm. Ich hülle meine Missethat nicht in das Halbdunkel mildklingender Namen; ich will sie ja nicht hegen und pflegen, sondern frei von ihnen werden. Ich nehme meine Zuflucht zu der Stelle, außer der ich keine weiß im Himmel und auf Erden. Zu den Füßen meines Gottes will ich meiner Last los werden und Kraft und Freudigkeit gewinnen, um trotz mir selbst weiter zu ringen und meinem Ziele zuzustreben. Ich wende mich an den, der mir alles ist, und stelle mich ihm dar, so wie ich bin, und bekenne meine Schuld. Aus seinem Munde will ich das Wort der Vergebung hören, das freundliche Wort des Vaters, der sein Kind trotz seines Elends an sein Herz zieht. Das allein nimmt den Druck hinweg, der auf mir liegt, und macht mich wieder leicht und froh, daß ich mit neuem Mute fortschreite auf der Bahn meines Lebens. Hinweg mit allem, was sich zwischen mich und meinen Vater drängen will! Auch das kleinste Wölkchen trübt meinen Blick. Ich aber will sein Angesicht schauen, denn das ist meiner Seele Leben.

Mein Vater, ich komme zu dir, beladen mit Sünde und Schuld, und suche Vergebung und den freundlichen

Blick deiner Gnade. Ich bin nicht wert, daß ich dein Kind heiße; denn mein Herz ist so oft träg und kalt, ohne freudige Gewißheit deiner Liebe, ohne Begeisterung für deinen Willen, ohne Lust, zum Licht zu dringen und dem Höchsten nachzustreben. Es läßt so leicht sich irre machen durch das Blendwerk der Lüge, und schwankt unsicher zwischen Bösem und Gutem. Ich habe so oft meinen eigenen Willen, der sich nicht schicken will in das, was du thust; ich bin unzufrieden, kleinmütig und undankbar, und darum falle ich so leicht in der Prüfung. Ich denke so viel an mich, stelle mein Wohlbefinden zu hoch gegenüber meiner Pflicht, und lasse mich durch meine Neigungen und Stimmungen oft mehr leiten, als durch dein Gebot. Ich bin voll Schmerz über meine Nichtswürdigkeit, und betrübe mich über meine Sünde. Erquicke mich, Gott, mit deinem Troste. Du Heiliger, gegen den ich gesündigt habe, nimm meine Schuld von mir nach deiner Barmherzigkeit; laß mich in meinem Herzen deiner Gnade gewiß werden; richte mich auf, und gieb mir neue Kraft und neuen Mut, durch alle Hindernisse hindurch zu dir zu dringen, und das Ziel, das so schön und freundlich mir winkt, unverrückt im Auge zu behalten. Ich möchte dich über alles lieben, und als dein Kind werden dein Ebenbild, eins mit deinem Willen, selig in der Wahrheit. Du hast mir's verheißen, laß mich des Ziels nicht fehlen.

Der Herr ist nahe bei denen, die zerbrochenen Herzens sind.

"So spricht der Herr: Der Himmel ist mein Stuhl, und die Erde meine Fußbank: was ist es denn für ein Haus, das ihr mir bauen wollt? Oder welches ist die Stätte, da ich ruhen soll? Meine Hand hat alles gemacht, was da ist, spricht der Herr. Ich sehe aber an den Elenden, und der zerbrochenen Geistes ist, und der sich scheut vor meinem Wort. Ich wohne bei denen, die zerschlagenen und bemütigen Geistes sind, auf daß ich erquicke den Geist der Gebemütigten und das Herz der Zerschlagenen."

Der ewige, unendliche Gott, dessen Gedanken Weltgesetze, dessen Worte Welten sind, hat sich offenbart im endlichen Menschengeiste, und die Seele der schwächsten Kreatur erkoren zur Stätte, in der die Strahlen seines Geistes sich sammeln zum Bilde seiner Herrlichkeit. Aber ich könnte zittern bei dem Gedanken, ein Gefäß des Unendlichen zu sein; denn ich gedenke meiner Unwürdigkeit, und meine Sünden erscheinen mir wie ein Hohn auf meine Bestimmung. Was soll ich thun? Soll ich mich verbergen vor dem, der Licht ist, damit meine Flecken nicht offenbar werden? Aber ein Spiegel in der Dunkelheit kann kein Bild in seiner Tiefe tragen. Soll ich mein Herz vor ihm verschließen, damit es nicht verbrannt werde von der Flamme des Heiligen? Aber ich werde dann unendlich elend sein; denn ich habe ihn geahnt, und nach seiner Erkenntnis dürstet meine Seele. Ich habe die

Seligkeit seiner Liebe von ferne geschaut, und kann nicht leben ohne sie; alle Kräfte meines Geistes drängen sich zu ihr hin.

Nein, ich will nicht fliehen vor Gott: mein Heil ist nirgends, als bei ihm. Ich will zu ihm eilen und mein Herz vor ihm aufthun, und mich ihm öffnen, daß nichts in mir sich abwende von seinem Lichte. Er hat mich aus dem Staube gezogen, und das Bewußtsein, daß ich ihm gehöre, in mir hervorgebracht. Er wird mich nicht wieder in das Nichts zurücksinken lassen. Er allein kann mich emporheben, und mich vor sein Angesicht stellen, daß der reine Glanz seiner Wahrheit mich verkläre, und das Dunkel aus meiner Seele vertreibe. Ich fühle meine Unwürdigkeit, ich betrübe mich über meine Sünde, und sehne mich nach Reinheit und voller Übereinstimmung mit Gott. Ich will dies Gefühl ansehen als eine Wirkung seines Geistes, als ein Pfand, daß er mir auch die Erfüllung meiner Sehnsucht gewähren wird. Es ist sein Wille, daß ich weine über meine Sünde: durch den Schmerz will er mich zur Freude führen. Er antwortet auf den Ruf des Klagenden, und reicht dem Traurigen seine Hand, und ein zerschlagenes Herz erwählt er sich zum Tempel, darin zu offenbaren seine Herrlichkeit, und sich ein Lob zu bereiten von reinen Lippen.

Aus der Tiefe rufe ich, Herr, zu dir. Herr, höre meine Stimme, vernimm mein Flehen. So du willst Herr, Sünde zurechnen, Herr, wer wird bestehn? Sei mir gnädig nach deiner Güte, und tilge meine Sünden nach deiner großen Barmherzigkeit. Wasche mich rein von

meiner Missethat, und reinige mich von meiner Sünde.
Denn ich erkenne meine Missethat, und meine Sünde steht
immer vor mir. An dir allein habe ich gesündigt, und
übel vor dir gethan. Verbirg dein Antlitz vor meinen
Sünden, und tilge alle meine Missethat. Schaffe in mir,
Gott, ein reines Herz, und gieb mir einen neuen, gewissen
Geist. Verwirf mich nicht von deinem Angesicht, und nimm
deinen heiligen Geist nicht von mir. Tröste mich wieder
mit deiner Hilfe, und schenke mir einen freudigen Mut.
Heile du mich, so werde ich heil; hilf du mir, so ist mir
geholfen. Bekehre du mich, so werde ich bekehret, denn
du, Herr, bist mein Gott. Ich harre des Herrn, meine
Seele harret, und ich hoffe auf sein Wort. Hoffe auf den
Herrn, denn bei ihm ist die Gnade, und viel Erlösung bei
ihm. Er wird uns erlösen aus allen unsern Sünden.
Er wird sich unser erbarmen, unsere Missethat dämpfen
und alle unsere Sünden in die Tiefe des Meeres werfen.

Aus Gnaden selig durch den Glauben.

„Aus Gnaden seid ihr selig geworden durch den
Glauben; und dasselbe nicht aus euch, Gottes Gabe ist
es; nicht aus den Werken, auf daß sich nicht jemand
rühme."

Ich will gedenken der Gnade des Herrn, durch die ich
bin, und mich freuen der Liebe meines Gottes, dem ich
alles verdanke. Seine Gabe ist es, was ich in mir habe
von höherem Leben, von Begeisterung und Liebe. Er hat

es mir eingepflanzt, und durch die gnädige Führung meines Lebens gepflegt und genährt. Und wenn ich mich glücklich preise, daß meine Bahn vom Lichte des Himmels erleuchtet ist; wenn alle meine Seelenkräfte in freudiger Bewegung sich regen nach einem Ziel, das in immer hellerem Glanze mir winkt, Fülle der Seligkeit verheißend: so fühle ich, daß dies nicht mein Werk ist, und sehe mich durch einen höheren Willen in ein reiches, volles, unendliches Leben hineingestellt, und bete diesen Willen an mit überströmendem Herzen, und nenne ihn Liebe, Gnade — Liebe, die nicht auszusprechen ist, Gnade, deren ich nicht wert bin.

Denke ich darüber nach, so ist mir, als wenn ich erwachte vom Traum, und käme zum Bewußtsein meiner selbst, und dessen, was mich umgiebt; und es enthüllt sich mir meines Lebens Bedeutung und Aufgabe. Ich finde mich in den Armen der Liebe, an dem Herzen des ewig Einen und Lebendigen, und begreife nicht, warum ich gezweifelt, und mir so viele Schmerzen und Mühen bereitet habe.

Ach, daß es nicht blos Augenblicke wären, in welchen also die Wahrheit mir offenbar wird! Daß ich ganz aufhören möchte, zu träumen, und im Traume mit kraftlosen Anstrengungen mich abzuarbeiten, und daß mein ganzes Leben ein Wachen, ein Schauen und Hingegebensein würde! Warum ruffst du ängstlich nach Gott, als ob er ferne wäre? Schlag doch deine Augen auf: er steht vor dir, und mit ihm alles, wonach deine Seele dürstet. Warum quälst du dich, sein Angesicht freundlich zu machen, und die Flamme seines Blickes in mildes Leuchten umzuwandeln? Schau ihn an: beine Seligkeit ist in seinem Blick, und alles, was von Gedanken der Liebe in deinem Herzen lebt, ist nur Wiederschein von seinem Angesichte. Warum beunruhigst du dich mit Gedanken, die dich nicht zur Besinnung kommen lassen, als müßtest du bein Heil schaffen mit deinem Werk, und mit eingezahltem Preise deine Seligkeit kaufen? Du bist geliebt, und diese Liebe erkennen, ist dein Heil; Du bist im Hause deines Vaters und stehst inmitten der Herrlichkeit deines Erbes: und dies begreifen, ist deine Seligkeit.

Wenn ich's begriffe, wo ich bin, wie wäre ich so selig, und lebte so ganz im Bewußtsein wirklichen Lebens! Wenn ich zu jeder Stunde gewiß wäre, und nichts wüßte von Zweifel und Umdüsterung der Seele, wie wäre ich so frei, und schritte so sicher dahin im Lichte des Tages, auf freudenreicher Bahn! Wie würde ich lieben, wenn ich an die Liebe glaubte! Wie würde ich eins sein mit dem Wahrhaftigen und Heiligen, wenn ich das Band verstände, das mich mit ihm verbindet! Dann würde ich gut und fromm sein, und die Nachtgebilde der Lüge und Sünde müßten zusammensinken vor dem hellen Glanze der Wahrheit. Ich würde das Gute thun, weil ich nicht anders könnte, ohne Seufzen und Furcht, ohne Selbstsucht und Eitelkeit, ungestört durch die Vorstellung von Lohn oder Strafe. Die Gedanken des Widerspruchs wären dann fern von mir; es wäre alles Einklang und Schönheit. Es wäre ein Wachen statt des Träumens. Ach, daß ich ganz wach würde!

O Gott, mein Vater, thue mir die Augen auf, daß ich erkenne! Laß mich glauben, und gewiß sein, und nicht zweifeln. Ich soll ja das Leben nicht schaffen! es ist da, du bist es, und hast mich aus Gnaden gewürdigt, teil daran zu haben. Zerstreue jeden Wahn aus meiner Seele, laß jeden Nebel zerrinnen, der dich mir verbirgt. Deine Liebe umgiebt mich: ich soll sie verstehn und nicht verdienen. Dein Licht umleuchtet mich: Die Finsternis ist allein in mir, und muß schwinden, wenn ich mein Herz dir öffne. Rüttle mich aus dem Traum; laß mich lebendig werden in der Fülle deines Lebens; laß mich glauben und selig sein.

Das Reich Gottes ist mitten unter uns.

„Welche der Geist Gottes treibt, die sind Gottes Kinder."

Viele jagen der Seligkeit nach wie einem Schatten, der immerdar vor ihnen flieht, und sie ruhelos hinter sich her lockt. Sie erwarten das Gefühl des vollen Glückes von einer Veränderung ihres Zustandes, und sprechen: Wenn ich dieses und dieses Gut werde erlangt haben, wenn ich von dieser Not werde befreit sein, wenn ich mich werde aus diesen drückenden Verhältnissen losgelöst sehn: dann werde ich selig sein. Die einen hoffen es auf Erden, die andern im Himmel, die einen verbinden damit niedere, die andern höhere Vorstellungen; aber alle verlegen es in die Zukunft, und beklagen die Gegenwart, weil sie noch fern davon ist.

Aber warum die Gegenwart verlieren um der Zukunft willen? Ist Gott nicht schon jetzt mein Gott? Ist's nicht seine Liebe, durch die ich jetzt lebe, eben wie ich dereinst durch sie leben werde? Thue doch deine Augen auf: der Reichtum deines Gottes ist um dich her, die Fülle des Lebens umgiebt dich, der Geist des Unendlichen weht durch alle Erscheinungen. Warum willst du niedersitzen, und die Hände vor das Gesicht halten, und von ferner Zukunft träumen? Öffne dein Ohr: Töne der Liebe klopfen daran, Worte ewiger Wahrheit erschallen von jeder Seite, alles ist Harmonie. Nur das geschlossene Ohr vernimmt ein wirres Brausen, aber es ist in ihm. Licht ist es um uns her, und wir sind geschaffen zum Leben im Lichte. Wer hat uns denn betrogen, daß wir die Finsternis suchen, und dann klagen mit trübem Sinn, daß der Mensch zum Entbehren gemacht sei, und des Herzens Sehnsucht ungestillt bleibe? Verloren sind die Stunden der Klage; das ist kein Leben, sondern mattes Siechtum und träges Brüten.

Zwar bis zur Vollkommenheit liegt noch ein weiter Weg vor mir. Die volle Wahrheit ist meinem Verständnis unter Bildern verhüllt, und von vollem Leben durchklingt nur die Ahnung meine Seele wie ein Ton aus weiter Ferne. Aber soll der Keim nicht leben, weil er noch nicht das vollendete Wesen ist? Wenn ich jetzt verkümmere, wie will ich dereinst mich entfalten? Nein, die Zukunft kommt von selbst herbei, und breitet ihre Fülle aus ohne mein Bemühen. Ich will nicht, sie vorweg nehmend, die Gegenwart verträumen. Ich durchwandle meine Bahn auf Erden jetzt nach Gottes Willen; und dies irdische Leben mit allen seinen Eindrücken und Aufgaben ist sich selbst Zweck, ebenso wie jedes künftige, ein Teil meines

Gesammtdaseins; und zwar ein harmonischer Teil, wenn
es in sich selbst vollendet ist, aber im Widerspruch mit
dem Ganzen, wenn es sich selbst widerspricht.

Ich will leben in dieser Welt im Namen meines Gottes,
der mich hereingestellt hat; will arbeiten und genießen,
mich freuen und trauern, lieben und kämpfen, streben
und strebend wachsen, wie es dieses Leben mit sich bringt;
alles an der Hand des Vaters, dem ich angehöre. Ich
will als ein Kind Gottes leben und selig sein auf der
Erde, als demjenigen Teile des Heimathauses, der mir
jetzt zur Wohnung angewiesen ist. Ich bete seinen Willen
an, und achte ihn für mein einziges Glück. Nach seiner
Ordnung diene ich ihm jetzt in der Beschränktheit, um
dereinst ihm vollkommener zu dienen, und freue mich seiner
nach dem Maß meiner Fähigkeit, um dereinst mich zu
freuen in höherer Vollendung.

Ewiger, allmächtiger Gott, durch den und in dem alles
ist an allen Orten der unendlichen Welt, ich preise deine
unergründliche Liebe, die mich zum Leben und zur Seligkeit
bestimmt hat. Ich finde mich hier im engbegrenzten
irdischen Dasein, und bin in demselben zum Bewußtsein
von dir gekommen. Ich weiß nicht, was ich vorher war,
und was ich hernach sein werde. Aber ich weiß, daß ich
meines Lebens Wurzel in dir habe, und durch die Liebe
ewig und unzertrennlich mit dir verbunden bin. Darum
bin ich von einer freudigen Gewißheit getragen, und bin
daheim überall, wo ich mich als dein Kind fühle. Was
ich genieße auf Erden, das nehme ich aus deiner Hand.
Was ich wirke, das thue ich in deinem Dienste. Alles,

was mir widerfährt, das kommt nur von dir; und was das Leben von mir fordert, das betrachte ich als dein Gebot, es sei groß oder klein. Laß dies Bewußtsein immer voller, zuversichtlicher, kräftiger in mir werden, daß es all mein Denken und Thun erfülle. Heilige, weihe, verkläre mein Dasein durch die Verbindung mit dir, dem Ewigen. Mein Empfinden, mein Streben und Schaffen wird Wahrheit, wenn es in dir, dem Wahrhaftigen, sich gründet, und mein Dasein wird Leben, wenn es an dich sich anschließt. Mache mein Thun zur Wahrheit, und mein Dasein zum Leben, das die Bürgschaft der Ewigkeit in sich hat.

Wir wandeln im Glauben, und nicht im Schauen.

„Unser Wissen ist Stückwerk, und unser Reden ist Stückwerk. Wenn aber kommen wird das Vollkommene, so wird das Stückwerk aufhören. Da ich ein Kind war, da redete ich wie ein Kind, und war klug wie ein Kind, und hatte kindische Anschläge; da ich aber ein Mann ward, that ich ab, was kindisch war. Wir sehen jetzt durch einen Spiegel, in Rätseln: dann aber von Angesicht zu Angesicht. Jetzt erkenne ich es stückweise: dann aber werde ich es erkennen, gleich wie ich erkannt bin."

Ich will mich hüten vor allem Hochmut des Wissens und Glaubens, und täglich mir die Schranken vergegenwärtigen, welche meinem Verständnis gesetzt sind. Ich will aber auch ferne von mir halten die Selbstvernichtung des Unglaubens, und das Leben erfassen, dessen mich Gott gewürdigt hat.

All mein Erkennen ist von einem engen Gesichtskreise begrenzt; was darüber hinaus liegt, weiß ich nicht durch Anschauen, sondern ich taste darnach durch Erweiterung meiner Vorstellungen. Alles, was ich denke, nimmt die Gestalt dessen an, was mich umgiebt oder in mir ist; nur in Formen thut sich mir das Wesen der Dinge kund; nur in Bildern vermag ich das Vollkommene mir nahe zu bringen; und all mein Reden über die Wahrheit ist das Lallen eines Kindes. Das will ich nie vergessen. Ich will nie weder mir noch andern vorspiegeln, daß ich auf den Grund des Seins bringen, und von Gott irgend etwas Zutreffendes denken oder sagen könnte. Ich rede von dem Unendlichen nur in Gleichnissen. Ich trage das Höchste, was ich in und außer mir kenne, zusammen, und spreche: Dies sind Linien, welche in unendlicher Vergrößerung auf Gott hinführen.

Ich bin ein Stäublein im All, verschwindend in der Unendlichkeit der Welt, und sollte mir es täglich vorhalten, damit ich demütig werde. Schau auf zum Sternenmeer, laß deine Gedanken schweifen von Welt zu Welt, und sich verlieren in unbegrenzte Fernen. Dann halte inne, und wende den Blick zurück nach dir selbst. Und wenn du ein Gefühl davon bekommst, was du bist der Unendlichkeit gegenüber, so sprich: Eben das ist auch meine Erkenntnis gegenüber der vollen Wahrheit. Das kann den Hochmut heilen. Mache dir nur deine Unbedeutendheit so deutlich als möglich, daß du dich nicht blähest in lächerlicher Einbildung. Lerne Demut, und erkenne dich selbst!

Sollte ich mich aber deßhalb betrüben, und mich selbst aufgeben im Bewußtsein meiner Nichtigkeit? Nimmermehr: ich lebe und habe das Vollgefühl des Lebens, in den Schranken, die mir entsprechen. Wohl ist der Strahl, der aus dem Flammenmeer der Sonne zu mir kommt, nur einer von unzähligen: aber er ist doch zureichend für mich, und ich freue mich in ihm, und schaue in seinem Lichte meine Welt, und lebe in seiner Wärme. Wie bin ich so selig in dem einen Lichtstrahle, der von dem unerforschlichen Gott auf mich fällt. Ich danke ihm für jede Lebensregung, deren ich im irdischen Dasein mich erfreue, für jede Erkenntnis, jede Empfindung des Heiligen, jede Ahnung des Vollkommenen, für alles, was ich bin, und was ich vom Feuer des Geistes in mir trage. Es ist nur ein armes Bild, das ich mir von ihm mache: aber ich lebe durch ihn, und mein Leben, obwohl in engen Kreis gebannt, ist Wirklichkeit, entsprungen aus der Lebensquelle.

Und wie schön und hoffnungsreich liegt es noch vor mir! Indem sich das Leben in mir entfaltet, offenbart sich's mir als ein Anfang, der eine unendliche Entwicklungsreihe in sich birgt. Indem ich zu mir selbst komme, in der Erkenntnis des Wahrhaftigen und Unvergänglichen, sproßt in mir auf die Ahnung der Ewigkeit.

Ewigkeit — seit dieser Gedanke mir aufgegangen, ist mein Leben ein anderes geworden. Eine weite, unendliche Bahn thut sich vor mir auf, alle Triebe des Geistes sind in freudiger Bewegung. Nicht in trügerischem Kreislauf drehe ich mich wieder dem Anfang entgegen, nicht aus kurzem Aufschwung sinke ich wieder zurück: ich schreite einem Ziele zu, und werde es erreichen; des Geistes Schwung trägt mich zur Höhe.

Suche nur, mein Geist, folge dem Triebe, der dich beseelt, und richte das feurige Verlangen auf die Wahrheit. Laß dich nicht irre machen durch die Unvollkommenheit deiner Erkenntnis: die Wahrheit ist vorhanden, und du bist für sie geschaffen; dein irdisches Denken ist ein Schritt auf dem Wege zu ihr. Liebe nur, mein Herz, glühe für das Heilige, laß deine Sehnsucht brennen dem Höchsten entgegen. Verzage nicht im Bewußtsein deiner Schwachheit: dein Lieben wurzelt in unvergänglichem Grunde, dein irdisches Streben ist ein aufsprossender Keim; er wird zur Blüte kommen. Laß dich nicht verblenden durch den Schein der Vergänglichkeit. Du hast den Ewigen gefunden, du bist vereinigt mit dem Wahrhaftigen, du weißt nun, daß dein Leben Wahrheit ist. Schreite freudig einher auf deiner Bahn, unverworren dem Ziel entgegen; kein finsterer Abgrund wird dich hemmen. Dein Gott trägt dich hinüber; und helleres Licht wird deinen Blick verklären, und dein Leben erhöhen.

Unendlicher Gott, du hast den Gedanken der Ewigkeit mir ins Herz gegeben. Wie der Baum blüht zu seiner Zeit nach dem Gesetz, das du in ihn hinein gelegt hast, so hat mein Geist sich dir erschlossen nach deinem Gesetz. Ich strebe nicht über die Schranken hinaus, die du mir geordnet hast. Was du mir jetzt noch zu verbergen für gut findest, darnach will ich nicht fragen, will meine Zeit nicht verderben mit eitlem Spiel der Phantasie. Ich warte gern, bis du mir den Schleier aufheben wirst, der die Zukunft mir verhüllt. Aber das bitte ich von dir, daß du, so lange ich hier auf Erden walle, meinen Glauben immer fester, gewisser und freudiger machest. Stärke in mir das Bewußtsein meiner ewigen Bestimmung; laß es mir eine unversiegbare Quelle der Kraft und der Begeisterung sein. Im Lichte der Ewigkeit laß mich mein zeitliches Dasein verstehn. Du bist der Herr der Erde, wie des Himmels, mein Vater in diesem, wie im zukünftigen Leben; außer dir ist kein Herrscher der Welt. Einklang ist zwischen Erde und Himmel, zwischen Zeit und Ewigkeit. Ich gehe meinen Weg fröhlich, ich lasse den Trieben des Geistes ungehemmte Entwicklung. Die Erde um mich her in Lebensfülle, über mir der Himmel frei, Licht ausgegossen von oben: das ist deine Welt, mein Gott, so weit mein Auge sieht. Ich blicke auf: so durchbringt mich Lebenskraft. Ich schaue umher: so sehe ich die Stätte meines Wirkens, und gehe an meine Arbeit mit Freuden. O Herr, laß Erde und Himmel eins sein in meinem Innern, auf daß mein Leben Wahrheit sei.

Unser Vater.

„Unser Vater im Himmel!"

Zu dir erheben wir unsere Herzen, Herr der Welt, ewiger, allmächtiger Gott. Nichts Geschaffenes kann uns genügen; wir suchen die lebendige Quelle, uns verlangt nach dir, in dem wir leben, weben und sind. Wir fürchten uns nicht, obwohl wir Staub sind. Du hast uns freundlich zu dir gezogen, du hast das Wort der Liebe uns ins Herz gerufen. Und wir haben deine Stimme vernommen, und im Glauben uns dir zu eigen gegeben. Du bist unser Vater: mit Kindeszuversicht sprechen wir vor dir aus, was uns die Seele bewegt.

„Dein Name werde geheiligt."

Offenbare dich uns, daß wir dein inne werden; zeige uns deine Herrlichkeit, daß wir dich nennen bei deinem rechten Namen. Dazu hast du uns geschaffen, du willst erkannt werden im Geiste des Menschen: vollführe in uns deinen Schöpfungsratschluß. Du hast so manchen Schatz der Wahrheit uns anvertraut, und lässest deine Gedanken uns ins Herz scheinen, daß wir leben in deinem Lichte; das ist unser teuerstes Eigentum, und wir danken dir's mit tiefer Empfindung. Erhalte es uns, bewahre das Heiligtum vor Entweihung und Beraubung. Mehre dein Licht in uns, erleuchte uns mit hellerem Glanze, führe uns zu vollerer Erkenntnis, und verkläre dich in unseren Seelen.

„Dein Reich komme."

Sei du unser Herr, und laß uns dein Volk sein. Es ist ja kein Heil außer dir, keine Seligkeit, wo dein Geist nicht waltet. Erfülle die Welt mit dem Leben aus dir; bringe deine Gedanken zum Ausdruck in der Menschheit, daß sie frei werde durch Wahrheit, und glücklich durch Gerechtigkeit. Sei die Stärke derer, die dich lieben, und gieb ihnen den Sieg über alle Macht der Lüge. Dein

Gesetz schreibe in unsere Herzen, daß wir los werden vom Dienst der Sünde. Heilige unsern ganzen Sinn, daß unsere Gedanken eins seien mit dir, und Friede in uns wohne. Mache uns selig durch Glauben und Liebe, durch Gerechtigkeit und Wahrheit.

„Dein Wille geschehe auf Erden, wie im Himmel."

Vollende, was du mit uns angefangen, und hilf uns überwinden, was deinem Willen und unserm Heil widersteht. Nur was du willst, ist gut; deinem Gebot folgt die Schöpfung: laß auch an uns sich erfüllen, was dein heiliger Rat beschlossen hat. Dämpfe in uns allen Eigensinn, alles thörichte Verlangen, bewahre uns vor Unzufriedenheit und unkindlichem Sinn, und leite uns auf dem Wege, den du als den besten erwählest, bis wir allen unsern Willen dir gefangen geben und alle unsere Seligkeit nur im Gehorsam gegen dich finden.

„Unser täglich Brot gieb uns heute."

Laß dir empfohlen sein alles, was zu unserm zeitlichen Leben gehört. Gieb uns unsere Speise zu seiner Zeit, und ein zufriedenes, dankbares Herz dazu. Segne unsere Arbeit, und laß uns gelingen, was wir in unserm Berufe nach deinem Willen vornehmen. Rüste uns aus mit Kraft und Gesundheit, daß wir unsern Weg fröhlich gehen. Behüte uns in Not und Gefahr. Bewahre alle, die uns lieb und teuer sind, und laß uns in Liebe und Eintracht vor dir leben. Du weißt, was wir bedürfen, besser, als wir selbst. Alle unsere Sorgen werfen wir auf dich, all unser Glück hoffen wir allein von dir, und nehmen in Demut an, was du uns giebst.

„Vergieb uns unsere Schuld, wie wir vergeben unsern Schuldigern."

Wir bekennen dir unsere Schuld, und fühlen unsere Unwürdigkeit vor dir mit tiefem Schmerz. Ach, wir sind so weit entfernt von dem Ziele, das du uns vorgesteckt hast. Unser Glaube ist schwach, unsere Liebe matt, wir sind so wenig begeistert für das Gute, und hassen die Sünde nicht, wie wir sollten. Wir sind nicht wert, beine Kinder zu heißen, und haben keinen Anspruch auf deine Liebe. Aber wir nehmen unsere Zuflucht zu deiner Barmherzigkeit. Durch deine Gnade sind wir ja, was wir sind: laß sie auch ferner über uns walten. Von Gnade leben wir, auf Gnade steht allein unsere Hoffnung. Hilf uns auf in unserer Schwachheit, habe Erbarmen mit uns, und vergieb uns unsere Schulden. Wir wollen ja gern ein gleiches thun an unsern Brüdern, und eingedenk unserer Mängel uns einander von Herzen verzeihen, helfen und aufrichten.

„Führe uns nicht in Versuchung."

Du kennst unsere Schwachheit, und weißt, wie leicht unser wankendes Herz zu Falle kommt, wenn die Leidenschaften angefacht, und die Begierden erregt werden. Darum wache über uns, und bewahre uns gnädig vor Anfechtung. Hast du aber beschlossen, uns zu prüfen im Feuer, so ziehe beine Hand nicht von uns ab. Zu dir nehmen wir Zuflucht: halte uns aufrecht, daß wir nicht fallen; lege nicht mehr uns auf, als wir tragen können. Hilf uns, daß wir bewährt aus der Anfechtung hervorgehn, und, gestärkt im Geist und enger mit dir verbunden, dich preisen können, daß du alles wohlgemacht hast.

„Erlöse uns von dem Übel."

Alle unsere Not, alles, was uns das Herz bewegt und beschwert, unsere Sorgen, unsere Schmerzen, unsere Bekümmernisse legen wir nieder vor dir, du einziger Helfer, du treuer Gott. Du weißt, was uns drückt; du weißt aber auch, was uns not ist: wir sind in guter Hand. Unser größter Feind ist die Sünde. Alles, was du thust, um von ihr uns frei zu machen, wollen wir rühmen als ein Thun deiner Liebe, wenn es uns auch Schmerzen bereitet. Leite uns auf rechtem Wege, durch alle Kämpfe und Wechselfälle des Erdenlebens hindurch, und führe uns der vollkommenen Seligkeit entgegen, wo wir, befreit von allem Bösen, dich rein und völlig lieben, und ewig dir dienen werden.

„Amen."

Du hörst unser Gebet, und verstehst die Rede deiner Kinder vor dir, auch wenn die Worte zu arm sind, um des Herzens Empfindung auszusprechen. Wir wollen dir nicht sagen, was du thun sollst; du weißt es besser, als wir. Wir reden, was uns die Seele bewegt; denn du bist unser Vater. Wir wissen, an wen wir glauben. Unser Vater ist der allmächtige Gott. „Dein ist das Reich und die Kraft und die Herrlichkeit, in Ewigkeit. Amen."

Morgengebete.

1.

Liebreicher Gott, ich sage dir von Herzen Lob und Dank, daß du mich wiederum das Licht des Tages hast erblicken, und zu neuem Leben und neuer Thätigkeit hast aufwachen lassen. Ach, lieber Vater, hilf mir doch nun durch deine Gnade, daß es heute und immerdar auch in meinem Herzen hell sein möge, daß dein Friede darin wohne, und deine Liebe all mein Sinnen und Denken erfülle. Thue die Augen meines Geistes auf, daß ich das Licht des Lebens in mich aufnehme, von dem alle Freude und Kraft zum Guten kommt. Und dies Licht bist du, heiliger Gott, du ewige Wahrheit. Von dir kommt mir alles Heil, du erleuchtest meine Seele. Ohne dich ist alles Finsterniß und Herzeleid, aber in deinem Lichte ist alles hell, und das Herz ist fröhlich. So laß mich auch heute schauen dein Angesicht, laß mich wandeln in deiner Klarheit, und selig sein im Glauben an deine Liebe. Ich hebe meine Augen auf, und sehe vor mir eine freudenreiche Bahn, die du mich heißest gehn zum gesegneten Ziel. Wohlan, es ist Tag, Licht ist über die Welt ausgegossen: vor dir ist Freude die Fülle und Leben ohne Aufhören.

2.

Lieber Vater im Himmel, du hast auch in dieser Nacht deine Hand über mir gehalten, daß ich sanft geruht, und, obwohl ich nichts von mir wußte, vor Schaden bewahrt geblieben bin. Dein, o Herr, ist mein Leben und alles, was ich habe und bin. Von bir habe ich es empfangen, ohne mein Verdienst, aus Gnade; du hast es mir bewahrt, und mit diesem Morgen wiederum neu geschenkt. So soll es auch dir geweiht und geheiligt sein. Nimm hin, was dir gehört, mein Herz und Leben; ich gebe dir's mit Freuden. Wohne in meinem Herzen, und verkläre dich in meinem ganzen Leben. Dein Gebot sei meine Lust, dein Wille mein Wille: so wird es ein gesegneter Tag sein, den ich jetzt beginne. Sprich dein Ja dazu, mein Vater, und leite mich an deiner Hand.

3.

Heiliger Herr und Gott, die Nacht ist vergangen, und nach deinem Willen lebe ich noch, und soll mich des Tages freuen. Ach, daß doch auch alle Nacht in meinem Herzen ewig verschwinden, daß ich leben und ein Kind des Lichtes sein möchte! Du hast mich ja dazu berufen, heiliger und barmherziger Gott, und bisher so viel an mir gethan. Habe doch auch ferner, auch heute dein Werk in mir, bis ich einmal wahrhaftig gut und heilig, und ein Kind nach deinem Ebenbilde werde. Alle Nacht der Sünde und Ungerechtigkeit, der Unwahrheit und Lüge, des Unglaubens und Wankelmuts, alles, was mein Herz verunreinigt, und meinen Geist verdüstert: das nimm hinweg, und laß es dahin schwinden, wie jetzt die Finsternis geschwunden ist vor der Helle des Tages. O Herr, hilf, ich rufe zu dir; bei dir ist Wahrheit und Stärke. Verlaß mich nicht; denn ohne dich bin ich verlassen.

4.

Mein Gott und Herr, es ist dein Wille, daß ich noch lebe, und in meinem Berufe auf Erden noch wirken soll. Darum hast du mir abermals das Tageslicht erscheinen lassen, und mich mit neuer Kraft ausgerüstet. Nun, Herr, lehre mich auch heute denken, daß du es bist, dem ich diene, und dessen Willen ich in meinem Stande zu erfüllen habe. Ich möchte gar so gern, daß ich treu erfunden würde, und nicht von mir gesagt werden könnte, ich habe deine Gaben mißbraucht oder verderben lassen. So gelobe ich dir denn aufs neue: ich will heute treu und fleißig thun, was dein Befehl mir vorschreibt, ich will meine Pflicht heilig halten, und wirken, so lange es Tag ist, ehe die Nacht kommt, wo niemand wirken kann. Du aber hilf und laß wohl gelingen! Stehe mir bei mit deinem Geiste und deiner Kraft. Gieb deinen Segen zu meinem Thun, und laß gedeihen, was ich in Schwachheit beginne. Denn von dir allein kommt ja doch alles Gute; dir sei Lob und Preis immerdar!

5.

Allmächtiger Gott, lieber Vater, wiederum liegt ein Tag vor mir. Was er mir bringen wird, das weiß ich nicht. Ungewiß und in Dunkel gehüllt steht die Zukunft vor meinen Augen. Aber ich zage nicht; denn du, mein Vater, bist bei mir, du reichest mir auch heute deine treue Hand, und ich will sie fest halten und nicht los lassen. Darum werde ich aufrecht stehn, und kein Fall wird mich stürzen. Ich werde gewisse Schritte thun und fröhlich

meinen Lauf vollenden. Das ist mein Trost, daß ich dein
Kind bin; ich werde nicht zu schanden werden. So schicke
es denn heute mit mir, wie du willst; führe mich auf der
Bahn, die du erwählst, und die gewiß die beste für mich ist.
Ich will alles hinnehmen, und für alles dir danken.
Erhalte mich nur in deiner Liebe, und behüte mich vor
Sünden, vor Kleinmut und Zweifel. Halte mich aufrecht
in Freude und Leid, und leite mich also, daß der heutige
Tag für meinen Beruf in Zeit und Ewigkeit nicht möge
verloren sein.

6.

Allgütiger, im Aufblick zu dir beginne ich von neuem
meinen Lauf, und sage: mein Gott, in deinem Namen!
In deinem Namen lebe ich, und habe mein Leben gebracht
bis zu dieser Stunde. Du hast mich auch heute erwachen
lassen, und den Reichtum deines Segens mir wiederum
aufgethan. In deinem Namen darf ich auch heute alle
die Güter, die du mir verliehen hast, mein nennen, und
gebrauchen zu meinem Heil. Ja, Herr, du hast mich reich
gesegnet; ich kann nicht aussprechen, was ich deiner Liebe
verdanke an Leib und Seele. Sollte ich mich des nicht
freuen? Mein Herz ist fröhlich, ich wandle mit Lust
meinen Weg; nicht durch mich selbst, sondern in deinem
Namen. In deinem Namen will ich denn an mein Werk
gehn, und getrost Hand anlegen an die Aufgabe dieses
Tages. In deinem Namen will ich der Zukunft entgegen
gehn, und ohne Furcht im Glauben erwarten, was du
mir heute beschieden hast. In deinem Namen will ich
das Gute genießen und das Schlimme ertragen, und nicht

zweifeln, daß denen, die dich lieben, alle Dinge, Gutes und Böses, zum besten dienen müssen. Segne mich, segne alle deine Kinder. In deinem Namen geschehe all unser Thun!

7.

Lieber himmlischer Vater, du rufst mich zu neuem Leben und zu neuem Wirken. Da ich erwachte, standest du vor mir, und reichtest mir deine Hand. Du sprachst: Steh auf, mein Kind, und preise mich auch heute. Ja, dich will ich preisen, du mein Licht und mein Leben; ich danke dir, daß ich dich empfinden und deine Liebe verstehn kann. Ich richte mich auf an deiner Hand, und werfe von mir alle Sorgen und verzagten Gedanken, allen Kleinmut und Zweifel. Du willst auch heute sorgen; ich soll glauben und harren, wirken und schaffen. Ich soll nur treu sein, und nicht weichen vom geraden Wege; alles andere willst du thun, und mich zum seligen Ziele führen, daß ich rühmen kann: Der Herr hat alles wohlgemacht! Ich schäme mich, daß ich so zaghaft war, und wollte den Mut sinken lassen; ich bekenne und bereue vor dir meine Schwachheit und meinen Unglauben. Ich gelobe dir aufs neue, einen freudigen Anlauf zu nehmen, und mit gewissen Schritten und erhobenem Haupte den Weg zu gehn, den du mir zeigest. Leite mich nach deinem Rat. Laß mich nicht straucheln, laß mich nicht fallen. Halte meinen Glauben aufrecht, und stärke in mir die Zuversicht, daß du mir zur Seite bist, auch in schweren Stunden. Mein Gott, meine Stärke, alle meine Sorgen werfe ich auf dich; laß mich nicht zu schanden werden.

8.

Morgengebet eines Betrübten.

Mein Vater, ich suche dich: laß dich finden. Ich bin erwacht zum Beginn eines neuen Tages; aber mit mir ist mein Schmerz erwacht, und mein Leiden steht neu vor mir, und blickt mich düster an. Trübe liegt dieser Tag vor mir, er ruft mich zum Dulden und Tragen, und ach! ich habe schon so viel geduldet. Wo finde ich Kraft und Mut, daß ich's überstehe, daß ich mich aufrecht halte? Bei dir, mein Gott, ist meine Zuflucht; ich bleibe bei dir. Ich lasse nicht von dir; auch an diesem Morgen schließe ich mich wieder an dich mit aller Kraft meiner Seele. Rings um mich her sind Abgründe: du allein hältst mich, daß ich nicht stürze. Ich rufe zu dir: fasse mich bei meiner Hand. Ich erneuere den Bund mit dir, und gelobe dir abermals feierlich: ich will auch heute aufrichtig mich bemühn, daß ich treu bleibe; ich will nicht murren und hadern; ich will dir alle Wünsche zum Opfer bringen; ich will mich ganz und von Herzen in deinen Willen dahin geben. Du hast mich doch lieb, auch wenn du mich leiden lässest; und was du thust, ist gut und segensvoll, auch wenn ich es nicht verstehe. So sei in deinem Namen auch dieser Tag begonnen! Er geht vorüber, wie alles Irdische, aber du bleibst, und ich bleibe an dir. Es wird die Zeit kommen, wo ich dir Dank sage auch für diese Schmerzen, wo ich erkenne, daß du es gut gemeint, und deine Liebe keinen Augenblick meines Lebens von mir gewendet hast.

Abendgebete.

1.

Gütiger Gott, durch deine Gnade habe ich wiederum einen Tag vollendet, und an demselben so viel Liebe und Treue, so viel Güte und Barmherzigkeit erfahren, daß ich es nicht aussagen kann, auch es nicht alles zu erkennen und zu begreifen vermag. Wie soll ich dir, lieber Vater, vergelten alle deine Wohlthaten, die du schon so lange Tag für Tag, und auch heute an mir gethan hast? Ich erkenne, daß mir solches allein durch deine Gnade und Barmherzigkeit, in keiner Weise um meines Verdienstes und meiner Würdigkeit willen geschehen ist, und daß alle meine Kräfte niemals ausreichen würden, dir gebührend zu danken. Nimm denn gnädig an mein schwaches Lob und meinen Dank, den ich nicht blos mit den Lippen, sondern aus der Tiefe des Herzens dir bringe. Dich will ich loben immerdar; dir will ich leben, dich lieben. Alles, was mir am Herzen liegt, lege ich gläubig in deine Hand; du weißt, was ich bedarf. Nimm mich und meine Lieben in deinen gnädigen Schutz, und laß mich dein sein und bleiben im Wachen und Schlafen, im Leben und im Tode.

2.

Heiliger, barmherziger Gott, du hast mir auch an diesem Tage Leben und Gesundheit und alle die mancherlei Gaben deiner Gnade geschenkt, durch die ich dir in meinem Berufe zu dienen vermag. Und ich werde dir auch von dem heutigen Tage einmal Rechenschaft geben müssen, wenn du, o Richter aller Menschen, mich vor Gericht fordern wirst. Aber wie kann ich, du heiliger und gerechter Gott, vor dir bestehn? Ach, wie habe ich auch heute mich vielfach versündigt gegen dich, meinen treusten Freund! Wie kalt und träg bin ich gewesen, wie habe ich es an der rechten Treue und inniger Hingebung fehlen lassen! Du weißt alles, was ich gethan habe, und ich will es vor dir nicht verbergen. Zu deiner Barmherzigkeit nehme ich meine Zuflucht. Vergieb mir, mein Vater, alle meine Sünde, und nimm die Last meiner Schuld von meinem Herzen hinweg. Ich glaube an dich, und zweifle nicht; ich halte dich fest, und lasse nicht von dir. Und ich weiß, daß du mir vergeben hast. Darum werde ich ruhen in Frieden. Im Glauben schlafe ich ein, geborgen unter dem Schirme deiner Huld. Meine Ruhe bist du, Gott; du verstößest nicht dein Kind, das an deine Gnade glaubt.

3.

Ewiger Gott, abermals ist ein Tag von meinem Leben vorüber. Schnell und flüchtig ist er dahin gegangen, wie alle meine Tage. Was ist mein Leben vor dir, Unendlicher? Ich denke darüber nach, und erkenne, daß es ein Hauch ist, der einen Augenblick währt und verschwindet. Ich eile dem Grabe entgegen, und werde am Ende sein, ehe ich's merke. Aber ich fürchte mich nicht, denn du bist mein Gott. Wenn ich selbst der Herr meines Lebens wäre, so möchte ich wohl erschrecken. Wenn ich weiter nichts hätte, als die Welt und ihre Güter, so möchte ich sagen: Es ist alles eitel. Aber ich nenne dich meinen Herrn, meinen Gott.

meinen Vater; ich finde mich in dir, du ewige Quelle der Wahrheit und des Lebens. Und darum bin ich getrost und lebensfreudig. Ich weiß nichts von Tod und Vergänglichkeit, ich kenne keine Stunde, die mich meines Heils und meiner Freuden berauben könnte. An dich schließe ich mich an, ehe ich im Schlafe mich selbst vergesse; mein Herz klammert sich an deine Liebe. Laß mich schauen dein Angesicht: so beschließe ich den Tag mit Frieden, und freue mich auf den kommenden Morgen, bis du mich rufen wirst aus dieser Unvollkommenheit zu besserem Leben und zu vollerer Gemeinschaft mit dir. Dazu bereite mich, so lange ich auf Erden deinen Namen anrufe.

4.

Mein Gott und Vater, wiederum habe ich durch deine Gnade einen Tag vollendet, und will nun meine Ruhe suchen. Aber erst will ich in meinem Innern einkehren, und ruhen in dir, ehe mein Geist in den Schlummer des Leibes dahin sinkt. Es ist dunkel geworden umher; so laß dein Bild hell und klar in meiner Seele leuchten. Der Lärm des Tages ist verstummt: so rede du mit dem Wort der Liebe zu meinem Herzen; ich will lauschen und hören. O mein Gott, wie bist du so gut und treu: was wäre ich ohne dich? Du fragst: Hast du mich lieb? Und alle Stimmen in mir vereinen sich, und antworten: Ja, ich habe dich lieb; du weißt, daß ich dich lieb habe. Die Arme meiner Sehnsucht strecken sich aus nach dir. Alles erscheint mir so eitel und nichtig: nur du bist die Wahrheit; nur wenn ich dich halte, fühle ich mich glücklich und ruhig, und weiß, daß mein Leben keine Täuschung ist. Ich bin bekommen, wenn ich an meine Armut und Schwachheit denke; aber wenn ich auf dich schaue, finde ich Trost und Freudigkeit, das Herz wird mir weit, und meine Liebe ist innig und warm. Ich danke dir, daß du mir solchen Frieden schenkst, und mich der Wahrheit so gewiß machst. Herzlicher, tiefempfundener Dank sei mein letztes Gefühl an diesem Tage, und mein erstes am kommenden Morgen.

5.

Lieber Gott, von dem alle gute und vollkommene Gabe kommt, ich blicke zurück auf einen Tag, der reich war an Beweisen deiner Güte, an dem ich viel Gutes genossen habe. Ich danke dir dafür von Herzensgrund. Vor allem aber preise ich dich, daß du mir die Augen aufgethan hast, und mich erkennen lässest die Vaterhand, die du segnend über mich hältst, daß ich dir dafür danken, dich lieben kann. Wie ist mein Herz so fröhlich und still! Ich bin nicht allein, du bist bei mir. Von der Liebe umgeben, werde ich ruhig einschlafen, und, wenn es dein Wille ist, mit Freuden erwachen. Und ich gedenke mit Wonne jener geheimnisvollen Stunde, da ich auf deinen Ruf zur seligen Ruhe des ewigen Lebens eingehen, und deine Herrlichkeit in hellerem Lichte schauen werde. Ich schlafe nun oder wache, ich lebe oder sterbe, so laß mich dein eigen sein, glücklich in dir, gewiß meines Heils, hoffnungsvoll auf=
schauen zum Ziel der Vollkommenheit. Nimm mich hin; laß mich ruhen in deinem Frieden.

6.

Allmächtiger, gütiger Gott, des Tages Lust und Last ist nun vorüber. Ich will abschließen, und mich zur Ruhe begeben. Sei gnädig, lieber Vater, und vergieb, was ich unrecht gethan, was ich versäumt, oder nicht mit rechter Liebe und Treue vollbracht habe. Lege deinen Segen auf mein Werk, bekenne dich in Gnaden zu meinem Thun. Alle meine Mühe ist ja umsonst ohne deinen Segen; dagegen kannst du mein schwaches Bemühn mit reichem Gedeihen krönen, und es alles viel besser machen, als ich gewollt und gedacht habe. Nun ich weiß ja, daß du es gut mit mir meinst, und vertraue herzlich, du werdest alles zum besten lenken. Mittel und Wege darf ich dir nicht vorschreiben; du allein weißt, was zum guten dient. So empfehle ich dir auch alles, was ich durch deine Gnade mein nenne. Wache über unserm Hause in der dunkeln Nacht; laß uns ruhen unter deinem allmächtigen Schutze. Sprich deinen Segen über unsere Familie; erfülle alle Herzen mit deinem heiligen Geiste, mit inniger Liebe untereinander. Vor dir in gleichem Sinn vereinigt, reichen wir uns die Hände, in Frieden und Eintracht, verbunden im Geist mit allen denen in der Nähe und Ferne, die wir lieben; und schauen dankend und bittend auf zu dir. Herr Gott, lieber Vater, segne uns, sei uns gnädig, laß deine Güte und Liebe uns leuchten.

7.

Herr Gott, groß an Kraft, unerforschlich an Weisheit, unergründlich an Liebe und Güte, der du alle Dinge ins Dasein gerufen hast, und in allem, was geschieht, waltest mit deinem Geiste, der du auch jetzt meinem Herzen nahe bist, ich bete vor dir an, und preise deinen heiligen Namen. Du hast mir auch an diesem Tage vergönnt, des Lebens mich zu freuen. Wie reich hast du mich gesegnet, wie hast du die Fülle deiner Güter vor mir ausgebreitet! Deine Welt ist so schön; der Glanz deiner Herrlichkeit ist darüber ausgegossen, daß meine Seele aufjauchzt, und mein Geist in inniger Wonne erglüht. Du hast mir gegeben, deine Liebe zu empfinden und deine Gedanken zu ahnen. Dein Bild hast du in mich hinein gelegt, und mein Herz so reich mit ewigen Kräften ausgestattet, daß ich mit staunendem Entzücken täglich mehr in mir finde, und das Rätsel meines Daseins mir immer süßer und ahnungsreicher wird. O mein Gott, du führest mich von einer Klarheit zur andern, und ich weiß nicht, was du mir noch bereitet hast. Gesegnet ist mein Leben; ich gehe meiner Hoffnung entgegen. Durchdrungen von dem Bewußtsein deiner Gnadenfülle, beschließe ich diesen Tag mit Lob und Dank, und gebe mich freudig der Nacht hin, um am nächsten Morgen auf dein Gebot neu zu leben, neu zu danken und deine Güte zu bezeugen.

8.
Gebet eines Betrübten.

Mein Vater im Himmel, unter Thränen blicke ich auf zu dir. Ich muß dir ja danken auch für diesen Tag. Es ist alles gut, was von dir kommt; ich danke dir für alles, was du gegeben. Aber meine Seele ist betrübt, und ich seufze unter der Last, die auf mir liegt. Ach, Herr, wie so lange! Ich weiß, daß meine Frage thöricht ist, aber doch fragt das geängstete Herz: Warum muß ich das leiden? Warum lässest du mich rufen aus der Tiefe, und verbirgst dein Antlitz, daß es Nacht um mich ist, und die Freude mich flieht? Ich bin gewiß, du kennest allen meinen Kummer, du weißt, wie ich mich sehne nach Erquickung. Du weißt auch, warum du mich warten lässest, und wann und wie die Stunde meiner Erlösung kommen soll. Aber laß mich mein Herz vor dir ausschütten; ich habe ja sonst niemand, dem ich es sagen kann. Mein Gott, mein Gott, ich bin betrübt, es wird mir schwer zu tragen. Ich bekenne dir meine Schwachheit, und gebe mir die Schuld, daß ich so zaghaft bin. Aber ich weiß mir nicht zu helfen, und rufe zu dir. Mache mich stark, richte mich auf, laß die tröstende Wahrheit in meinem Herzen lebendig werden. Sage mir, daß du mich liebst, daß deine Huld sich gleich bleibt, auch wenn der Himmel trübe ist. Mach' mich gewiß, daß ich leide nach deinem Willen, daß in meiner Trübsal ein unvergänglicher Segen verborgen ist, den du mir zugedacht hast, wenn ich treu bleibe. Erinnere mich, wie viel höher deine Gedanken sind, als meine Gedanken, auf daß ich still werde und anbete. Rufe mir ins Gedächtnis, daß die Zeit meines Leidens ein kurzer Augenblick ist in der Ewigkeit, daß es alles vorüber geht, daß es alles für nichts zu achten ist gegenüber der Herrlichkeit, zu der du mich berufen hast. Ich weiß, was mich trösten kann; du hast es mir verkündigen lassen. Nun verkläre mir die Wahrheit in den Tagen der Anfechtung, laß mich sie erfahren in meinem Herzen, laß sie Frucht bringen in der Hitze der Trübsal. Gott, du willst mich lehren: ich halte still, und merke auf. Ich widerspreche dir nicht. Laß mich aus der Tiefe aufschauen zu dir, laß mich anbeten deinen unerforschlichen Ratschluß.

Vom Verfasser der Schrift „Inneres Leben" sind ferner erschienen:

Im Kampf um die Weltanschauung.
Bekenntnisse eines Theologen.

Erste und zweite Auflage. Klein 8. 1888. (154 S.)
Kartonirt M. 2.80. Geb. M. 3.—
Dritte bis neunte Auflage. Klein 8. 1888—1890 (95 S.)
Kartonirt M. 1.—

Die biblischen Wundergeschichten.

Vom
Verfasser des Buches:
„Im Kampf um die Weltanschauung".
Erste bis vierte Auflage. 8. (IV. 79 S.) M. 1.—

Akademische Verlagsbuchhandlung von J. C. B. Mohr (Paul Siebeck)
in Freiburg i. B.